LE PROTESTANTISME

LAURENT GAGNEBIN

LE PROTESTANTISME

Un exposé pour comprendre
Un essai pour réfléchir

DOMINOS
Flammarion

Laurent Gagnebin. Docteur en théologie de l'université de Lausanne, Laurent Gagnebin a été pendant dix-huit ans pasteur de l'Église réformée de France à Paris. Depuis 1980, il est professeur de théologie à la faculté libre de théologie protestante de Paris, dont il a été le doyen pendant six ans.

Ses principales publications sont :

Ouvrages grand public

André Gide nous interroge, Lausanne, Cahiers de la Renaissance vaudoise, 1961.

Albert Camus dans sa lumière, Lausanne, Cahiers de la Renaissance vaudoise, 1963.

Simone de Beauvoir ou le refus de l'indifférence (préface de S. de Beauvoir), Paris, Fischbacher, 1968.

Art et Religion, Libourne, Imprimerie libournaise, 1969.

Quel Dieu ?, Lausanne, L'Age d'Homme, 1971.

Connaître Sartre, Paris, Resma/Centurion, 1972 ; Verviers, Marabout, 1983.

Silence de Dieu, Parole humaine, Lausanne, L'Age d'Homme, 1978.

Du Golgotha à Guernica : foi et création artistique, Les Bergers et Les Mages, 1987.

Le protestantisme : ce qu'il est, ce qu'il n'est pas, Carrières-sous-Poissy, La Cause, 1995 (6e édition).

Pour un christianisme en fêtes, Paris, Église réformée de la Bastille, 1996.

Ouvrages spécialisés

Christianisme – Marxisme, Nicolas Berdiaeff, Paris, Le Centurion, 1975.

Christianisme spirituel et christianisme social, la prédication de Wilfred Monod, Genève, Labor et Fides, 1987.

Le Culte à chœur ouvert. Introduction à la liturgie du culte réformé, Paris/Genève, Les Bergers et Les Mages/Labor et Fides, 1992.

Nicolas Berdiaeff ou de la destination créatrice de l'homme, Lausanne, L'Age d'Homme, 1994.

ISBN : 2-08-035474-4
Imprimé en France

Sommaire

La première fois qu'apparaît un mot
relevant d'un vocabulaire spécialisé, explicité
dans le glossaire, il est suivi d'un *

Pour Karim Djehiche-Cermolacce

Avant-propos

À côté de l'église protestante de l'Oratoire du Louvre à Paris, rue Saint-Honoré, se trouve un centre de culture physique. Une publicité met en scène une personne pratiquant la musculation et affirmant : « J'ai rendez-vous avec moi. » S'il est vrai que l'effort physique exige de nous une grande concentration, il est tout aussi vrai que ces mots ont quelque chose de surprenant : le sport en effet ne développe-t-il pas en nous un esprit d'équipe et de solidarité ? Ne serait-il donc pas infiniment plus juste de le vivre en pensant : « J'ai rendez-vous avec d'autres » ? Cette affiche n'est-elle pas le reflet d'une société très fortement marquée par l'individualisme, le narcissisme et un certain égocentrisme ? On se rassemble dans un même lieu, mais pour y faire du sport chacun pour soi !

On pourrait imaginer une affiche du même type à l'entrée des églises ; on y contemplerait une personne en prière, à genoux et les mains jointes, avec ces mots : « J'ai rendez-vous avec moi. » Cela, probablement, ne choquerait pas grand monde, même si l'on sait bien que l'on ne va pas à l'église en solitaire, mais, essentiellement, pour y vivre un temps de recueillement et de prière avec d'autres. La notion d'Église (avec une majuscule, nous ne parlons pas ici des églises en tant que bâtiments) appelle nécessairement celle de communauté et de fraternité. Cela dit, un protestant qui se rend au temple le dimanche matin pour y partager le culte avec ses coreligionnaires pense d'abord que Dieu a rendez-vous avec lui : « J'ai rendez-vous avec toi, avec vous », devrait proclamer par conséquent une telle affiche, et cela au nom de Dieu.

Corriger ainsi le texte de cette affiche semble relever du détail. Or, ce n'est pas le cas. Opérer un tel changement, c'est renverser l'ordre habituel de notre système de pensée, le bouleverser même, procéder à une réelle révolution. L'histoire de l'humanité, qui se confond avec celle des religions, nous montre sans cesse un être humain en quête d'un Dieu qu'il aimerait trouver grâce à sa recherche et à ses efforts. C'est là le mouvement même d'une spiritualité et d'une mystique qui traversent les âges et les civilisations. Ainsi le christianisme affirme : l'homme n'est pas le véritable chercheur, c'est Dieu qui le poursuit dans la quête inlassable de son amour; Dieu n'est pas inaccessible, c'est l'homme qui se dérobe à son appel et à sa volonté. Parmi toutes les grandes familles spirituelles (appelées le plus souvent confessions ou Églises) qui composent le christianisme, le protestantisme est celle qui radicalise un tel renversement en affirmant : je ne peux pas par moi-même rencontrer et connaître Dieu. Je ne peux ni le penser, le dire, encore moins le définir : Dieu est toujours plus que Dieu. Quand je dis Dieu, ce n'est déjà plus Dieu que je dis; en effet le terme « Dieu » n'exprime jamais pleinement la réalité de Dieu. Il s'agit là du concept de transcendance* : Dieu nous dépasse infiniment, je ne peux pas l'atteindre par moi-même. Je ne peux aller à Dieu que parce qu'il vient à nous.

Pour comprendre l'esprit protestant, il faut ainsi accepter une autre logique. Le protestantisme insiste sur la différence considérable entre la divinité telle que nous nous la représentons par nous-mêmes et Dieu tel qu'il se révèle à nous en Jésus et à travers le témoignage biblique : il est à la fois attendu et inattendu. Mes connaissances sur Dieu sont donc fondamentalement fausses; elles sont en fin de compte « un savoir qui ne sait pas ». D'où la devise protestante : « A Dieu seul la gloire! » (*Soli Deo gloria.*) Le compositeur du XVIIIe siècle, Jean-Sébastien Bach, protestant, écrivait ces mots au début ou à la fin de la plupart de ses partitions. Oui, Dieu seul parle bien de Dieu et je dois m'incliner devant lui en reconnaissant à la fois sa grandeur et ma faiblesse, ma pauvreté tant spirituelle qu'intellectuelle. C'est là une véritable ascèse et l'acceptation d'un dénuement.

Une telle compréhension de la spiritualité chrétienne modifie l'interprétation de la foi, de la Bible et de l'Église. Dans la première partie de ce livre, nous définirons l'essence du protestantisme et la logique propre à sa pensée. La seconde partie nous conduira à présenter la manière d'être du protestantisme. Parmi les quatre principales confessions qui forment le christianisme (catholicisme, orthodoxie, protestantisme et anglicanisme), le protestantisme a un rôle, une place et des caractéristiques spécifiques. Historiquement, il s'est constitué depuis le XVIe siècle dans une opposition au catholicisme ; ne serait-il pas aujourd'hui possible, dans le cadre d'un débat largement ouvert, de parler plutôt de complémentarité ?

Au seuil de cet ouvrage, une dernière remarque s'impose : le principe du « à Dieu seul la gloire » marque assurément tout le protestantisme. Cependant, les protestants tirent de cette devise des conséquences théoriques et pratiques plus ou moins radicales. Si le présent livre vise à faire comprendre en profondeur l'esprit du protestantisme, il ne cherche pas à en dépeindre toutes les réalités historiques. Nous parlerons bien du protestantisme, au singulier, et non pas des protestantismes, au pluriel, à savoir de ses nombreuses facettes et formes, tant historiques qu'institutionnelles.

Titre de la première édition du Nouveau Testament traduit par Luther. *L'événement de cette traduction en allemand est une révolution : la Réforme offrait ainsi subitement à chacune et chacun la possibilité de lire et d'interpréter la Bible sans la médiation imposée d'un clergé. C'est là un aspect décisif du sacerdoce universel.* Ph. © AKG Photo.

L'essence du protestantisme

La foi

Les grands Réformateurs

Martin Luther (1483-1546), qui peut être regardé comme le père fondateur du protestantisme, est né à Eisleben en Allemagne. Ses études universitaires terminées, il entre en 1505 au couvent des augustins. Après avoir été ordonné prêtre et avoir préparé un doctorat en théologie*, il enseigne l'Écriture sainte, à savoir la Bible, à l'université de Wittenberg. En quête de la vérité, il travaille sur les textes bibliques, en particulier sur les Psaumes et des Épîtres adressées par Paul aux premières communautés chrétiennes. Au cœur de sa vie austère de moine, faite d'une ardente et parfois douloureuse recherche de la vérité, il découvre que, contrairement à ce qu'affirmait le christianisme d'alors, l'homme pécheur ne peut rien faire pour obtenir le pardon de Dieu; il le reçoit avec humilité, comme une sorte d'amnistie divine, de sa seule grâce et sans pouvoir rien accomplir pour mériter le salut. La vie monacale, l'ascèse, les mortifications, les actions ou les œuvres humaines, quelles qu'elles soient, la piété et la charité même, sont vaines pour obtenir le salut. Or, à cette époque, on vivait dans la terreur de l'enfer, du châtiment des peines éternelles. Par une vie exemplaire et les bonnes œuvres, on cherchait à s'attirer les faveurs et la miséricorde de Dieu. Le salut était ainsi compris comme une récompense. Comment savoir si l'on en avait assez fait pour gagner l'amour de Dieu et le Ciel, quand s'arrêter dans cette quête incessante et toujours insuffisante, voire usante et désespérante, du paradis ?

C'est à cette même époque que Johannes Tetzel (v.1465-1519), dominicain allemand, prêche les indulgences*, c'est-à-dire la remise de peines dues à certains péchés. Ces indulgences étaient vendues pour aider à la reconstruction de la basilique Saint-Pierre de Rome. Luther, révolté par une telle pratique et par le marchandage religieux qu'elle suppose, réagit vigoureusement : comment un tel commerce permettrait-il d'acheter le pardon de Dieu ? Il rédige contre les indulgences ses fameuses « quatre-vingt-quinze thèses », qui sont affichées à la porte de l'église du château de Wittenberg, le 31 octobre 1517. Début presque mythique de l'histoire protestante, cette date en marque la mémoire de manière emblématique. En souvenir de cet événement, la Fête dite de la Réformation est fixée, le plus souvent, le dernier dimanche d'octobre.

Luther est ainsi considéré comme le premier Réformateur; il a voulu réformer l'Église de l'intérieur sans la quitter. Sommé de se rétracter, il refusera, invoquant l'autorité de la Bible (l'Écriture) contre les décisions des papes et de l'Église, qui n'ont, selon lui, rien d'infaillible. Il est exclu (excommunié) de l'Église et banni (mis au ban) de l'empire. Le prince Frédéric le Sage, acquis à ses idées, le protège et le cache pendant dix mois au château de la Wartburg. C'est là que Luther commence une traduction de la Bible en allemand, laquelle va connaître immédiatement une immense diffusion et contribuera à façonner la langue allemande.

A la diète* (assemblée politique) de Worms, convoquée en avril 1521 par l'empereur Charles Quint, et à laquelle doit comparaître Luther pour y être entendu et jugé, le Réformateur prononce ces paroles souvent citées : « A moins que l'on ne me convainque par des attestations de l'Écriture ou par d'évidentes raisons – car je n'ajoute foi ni au pape ni aux conciles* seuls, puisqu'il est clair qu'ils se sont souvent trompés et qu'ils se sont contredits eux-mêmes –, je suis lié par les textes scripturaires que j'ai cités et ma conscience est captive des paroles de Dieu ; car il n'est ni sûr ni honnête d'agir contre sa propre conscience. Je ne puis autrement, me voici, que Dieu me soit en aide. »

Le mouvement de la Réforme et du protestantisme est né. La protestation novatrice et réformatrice de Luther connaîtra un retentissement immense et une ampleur considérable. C'est au cours de la seconde diète de Spire, convoquée par Charles Quint en 1529 pour imposer à tous les princes favorables à la Réforme la soumission au pape, le chef de la chré-

Retable de Lucas Cranach dit l'Ancien (1472-1553).
La partie inférieure du retable (prédelle) montre Luther prêchant une main posée sur la Bible ouverte, l'autre désignant le Christ crucifié à ses auditeurs. On trouve là de grands thèmes de la Réforme : importance d'une prédication fondée sur les Écritures, centre de celles-ci en Jésus-Christ seul intermédiaire entre Dieu et les hommes, vérité du salut offert à la foi par la seule grâce de Dieu manifestée en Jésus mort et ressuscité. Ce tableau, exécuté avec son fils Lucas Cranach dit le Jeune (1515-1586), se trouve dans le chœur de l'église paroissiale de Wittenberg.
Ph. © AKG photo.

tienté occidentale, que le mot protestantisme voit le jour. Refusant de s'incliner, ces princes signent une protestation (« Nous protestons devant Dieu… », dit entre autres ce texte) qui leur vaut l'appellation de protestants. Elle sera attribuée ensuite à tous les partisans de la Réforme.

Autre Réformateur, Ulrich Zwingli (1484-1531) qui met en œuvre, à Zurich, en Suisse allemande, une entreprise réformatrice. Plus tard, Jean Calvin (1509-1564), né en France à Noyon et mort à Genève, fait de même en Suisse romande. Sa pensée et son action rayonnent si largement que Genève devient la capitale spirituelle du protestantisme d'expression française. Avec l'*Institution de la religion chrétienne*, Calvin a écrit la première œuvre théologique importante publiée en français et non plus en latin. Ce livre marque très profondément l'histoire de la pensée protestante et de la langue française.

Luther, Zwingli et Calvin sont donc considérés comme les trois premiers et comme les trois plus importants Réformateurs. La tradition protestante, grâce à l'action de nombreux autres Réformateurs, se répand rapidement en Europe (Scandinavie, Écosse, Hollande, Hongrie...) et gagne les États-Unis où cette confession est aujourd'hui majoritaire – dans l'histoire des États-Unis, un seul Président, Kennedy, n'a pas été protestant.

Sont appelées « luthériennes » les Églises protestantes issues de la Réforme de Luther, tant en Allemagne que dans d'autres pays, et « réformées » celles qui, en France ou ailleurs, se réclament principalement de l'héritage de Calvin et de Zwingli. Si l'on distingue ainsi les « réformés » des « luthériens », il faut aussi mentionner une famille très importante du protestantisme, celle des « baptistes », qui, depuis le XVIe siècle déjà, même si la naissance en tant que telle de ce mouvement se situe au XVIIe siècle en

Angleterre, refusent le baptême des petits enfants ; les baptistes estiment en effet que le baptême est inséparable, d'après la Bible, d'une démarche consciente, d'une conversion explicite et d'une confession de foi* dite par le baptisé. On peut noter que les baptistes sont souvent proches des réformés. Par rapport aux autres dénominations protestantes, le baptisme est assurément minoritaire en Europe ; en revanche, il est nettement majoritaire aux États-Unis.

Ajoutons que si le christianisme avait connu un premier grand schisme, séparant l'Église d'Occident (le catholicisme) de l'Église d'Orient (l'orthodoxie), l'anglicanisme, qui représente une voie intermédiaire entre le catholicisme et le protestantisme, né en 1534 avec Henri VIII en Angleterre, en constitua un nouveau. Dans ces trois cas (orthodoxie, protestantisme, anglicanisme), la séparation d'avec Rome s'est faite en refusant l'autorité du pape.

Un message de délivrance

La pensée protestante, enracinée dans la lecture de la Bible, fut et est encore reçue comme un message libérateur. L'amour et le pardon de Dieu ne dépendent pas, ne dépendent plus, de moi, ni d'un quelconque mérite ou effort de ma part, mais de l'œuvre accomplie une fois pour toutes par le Christ, c'est-à-dire le Messie et le Sauveur. C'est en Jésus, plus particulièrement, que Dieu nous rencontre et nous parle ; telle est la vérité chrétienne de l'Incarnation*. Mais, pour les protestants, c'est en Jésus seul que l'on se découvre et se reconnaît sauvé sans aucune action ni aucun mérite de notre part. Cette Bonne Nouvelle (évangile vient d'un terme grec qui signifie « bonne nouvelle »), qui nous arrache à la terreur du péché, de la mort et de la perdition, explique une part essentielle du succès de la cause protestante. Je suis délivré de la préoccupation traumatisante et de l'obsession culpabilisante de mon salut. Ce dernier ne repose plus sur moi, mais sur Dieu seul en Jésus. C'est pourquoi aucun intermédiaire – ni Marie, ni les saints, ni le clergé représenté par le pape – n'est pour rien dans mon salut et ne saurait être vénéré et être l'objet d'un culte. Dieu seul est Dieu.

Être libéré de la peur de la mort et de l'enfer est une chose, mais si je suis libéré *de*, je suis aussi libéré *pour*. Aucune entrave ne me retient plus ni ne m'immobilise dans la vaine recherche de mon salut. Si croire, comme on a pu l'écrire, c'est accepter d'être accepté, alors que l'on se sent inacceptable, ce renversement décisif constaté doit devenir un décentrement : je ne suis plus accaparé par la poursuite et la conquête impossible de mon salut, je suis libéré pour l'autre ; à l'amour de Dieu pour moi peut désormais répondre un amour libre du prochain. L'un appelle l'autre de manière intégralement désintéressée : j'aime et fais le bien non pas pour être aimé de Dieu, mais parce qu'il m'aime, en signe de reconnaissance.

La première Épître de Jean affirme ainsi : « Nous, nous aimons, parce que Dieu nous a aimés le premier. » (I Jean IV, 19.) Le protestantisme unanime trouve dans ce « parce que » le fondement de son éthique. Luther écrit dans son *Traité de la liberté chrétienne*, en 1520 : « Le chrétien ne vit pas en lui-même :

il vit en Christ et en son prochain. Hors de là, il n'est pas chrétien. Il vit en Christ, par la foi, en son prochain par l'amour. » La véritable liberté n'est pas l'indépendance ; je ne suis pas libre contre l'autre ou sans lui, mais pour l'autre et avec lui. La liberté triomphe dans la communion et l'amour.

Le salut par la foi seule

On a vu que le salut par la seule grâce *(sola gratia)* de Dieu en Jésus-Christ inspire toute l'histoire et la pensée protestantes. Il en est le principe directeur, à la fois premier et essentiel. Il en fait l'unité, quelles qu'en soient les formes connues hier comme aujourd'hui. L'expression du salut par la seule grâce de Dieu est aussi rendue par celle du salut par la foi seule *(sola fide)*. Cette formulation peut être aujourd'hui trompeuse. La foi, telle que l'entendent les Réformateurs, est un don de la grâce divine. Elle en est donc inséparable : dire l'une (la foi), c'est simultanément dire l'autre (la grâce). « C'est par la grâce de Dieu que vous avez été sauvés, au moyen de la foi. Ce salut ne vient pas de vous, il est un don de Dieu ; il n'est pas le résultat de vos efforts, et ainsi personne ne peut se vanter. » (Éphésiens II, 8-9.) La foi est certes bien ma foi, mais je ne saurais m'en prévaloir comme de mon œuvre sans retomber dans l'idée d'un salut dont je serais l'auteur. Dire que l'on est sauvé par la foi ne signifie pas que l'on est sauvé par l'œuvre qu'est notre foi pas plus que par celle de la charité. Une telle compréhension ne ferait que déplacer le problème en attribuant à notre foi ce que l'on refuserait à notre charité.

La foi protestante n'est compréhensible que si l'on y voit d'abord le mouvement de Dieu vers l'être humain avant d'y voir notre réponse. La foi, c'est toujours et d'abord la grâce prévenante de Dieu reconnue dans sa précédence absolue. A bien des égards, et même si une telle formulation peut surprendre et paraître paradoxale, la foi est une manière d'être de… Dieu d'abord. Elle est en effet entièrement conditionnée par sa grâce. C'est elle qui rétablit entre Dieu et l'être humain une relation authentique vécue dans la foi. Le péché, qui nous sépare de Dieu, n'est donc pas subverti par le bien que je fais, mais par la grâce donnée. Le contraire du péché n'est plus le bien, mais la grâce ou la foi bien comprise. Dans une telle perspective, on comprendra combien l'expression « avoir la foi » est suspecte. Elle suppose en effet que la foi est notre bien propre et exclusif. Or, dans un certain sens, la foi est une réalité que l'on ne peut jamais véritablement avoir ou posséder. Considérer la foi comme un avoir, c'est refuser de l'inscrire dans une relation dont le premier mouvement ne dépend pas de nous et ne nous appartient pas.

L'expression de « salut par la foi seule » a pu conduire à un malentendu. En fait, la foi n'est pas une solution de facilité conduisant à une indifférence morale et à un laisser-aller d'ordre éthique. Comme on l'a vu, l'être humain est libéré *de* et *pour*. Cela ne doit jamais être oublié. La foi ne doit pas non plus être confondue avec une opinion, une émotion et un sentiment humains, ni même avec un ensemble de croyances que contiendrait, par exemple, une confession de foi. Tout cela ne me sauve pas, même si ces croyances sont d'une orthodoxie rigoureuse. Quand nous distinguons ici la foi des croyances, nous faisons en réalité une différence importante entre croire *que* (croyances) et croire *en* (foi). Il ne suffit pas de croire que Dieu existe pour croire en lui.

Là où la foi est fondamentalement de l'ordre du relationnel et d'une démarche, les croyances sont très largement de l'ordre du rationnel et d'un contenu (une expression humaine et réfléchie de la foi). Dans de telles conditions, la foi ne s'oppose pas essentiellement au doute qu'elle suppose et surmonte, mais au savoir, qui enlève la possibilité même de la foi et, de fait, l'évacue. Là où je sais, ni la foi ni le doute ne sont plus possibles. Dans un certain sens, pour l'esprit protestant, la foi est incompatible avec une idée d'infaillibilité. « Là où l'incrédulité est impossible, la foi est impossible aussi. »

La justification

On désigne par le terme de « justification » la doctrine selon laquelle le fait d'être reconnu et rendu juste par Dieu n'est pas l'aboutissement d'une vie consacrée à Dieu et méritant sa grâce, mais celui de son amour, qui nous sauve en rétablissant, avec Jésus, le pont rompu entre lui et nous par le péché. La source de cette doctrine se trouve surtout dans les Épîtres de Paul aux Romains et aux Galates. Elles affirment en effet ce que Paul appelle « la justice de Dieu », à savoir une relation nouvelle et vraie entre Dieu et l'être humain du seul fait de la grâce divine que Jésus incarne et nous révèle. Paul écrit : « Je n'ai pas honte de l'Évangile : il est puissance de Dieu pour le salut de quiconque croit [...]. C'est en lui en effet que la justice de Dieu est révélée, par la foi et pour la foi, selon qu'il est écrit : celui qui est juste par la foi, vivra. » (Romains I, 16-17.) C'est ce passage de l'Épître de Paul aux Romains qui fut à l'origine de la découverte que fit Luther du salut par la foi.

La prédestination*

Affirmer que le fait d'être aimé de Dieu et sauvé par lui n'a rien à voir avec la qualité de notre vie ne conduit-il pas forcément à postuler l'idée d'une prédestination ? Selon Calvin, qui reprend la doctrine de la prédestination de saint Augustin (354-430), Dieu a décidé, avant notre naissance et de toute éternité, qui, dans le genre humain, serait sauvé et qui ne le serait pas (double prédestination). Cette pensée âprement discutée et contestée, du vivant même de Calvin, souligne, à sa manière, le secret impénétrable de la toute-puissance de Dieu et de sa seule grâce. Aucun croyant ne sait qui Dieu a ainsi rejeté. La double prédestination est une vérité de foi.

Aujourd'hui, le plus souvent, on interprète cette doctrine comme une pensée scandaleuse qui transforme Dieu en fatalité en lui attribuant une logique impitoyable. Or, cette doctrine a été fréquemment, en son temps, perçue et vécue comme profondément libératrice. Elle libérait les hommes de l'angoisse du salut, puisqu'ils n'y pouvaient rien. Elle introduisait même quelque chose de subversif et un bouleversement dans l'ordre établi des classes sociales par une partition religieuse et spirituelle totalement différente de celle déterminée par la hiérarchie sociale. Dans son analyse de la mentalité du protestant puritain, Max Weber *(cf. L'Éthique protestante et l'Esprit du capitalisme)* accorde une place importante à la question de la prédestination. En effet, selon lui, le puritain, ne sachant pas s'il faisait ou non partie des élus, pouvait interpréter sa réussite économique comme une preuve de sa prédestination.

Si, dans sa grande majorité, le protestantisme contemporain ne fait plus sienne cette doctrine de la double prédestination, la question reste cependant ouverte car l'interprétation des textes bibliques, délicate et tributaire de nos propres options en la matière, peut toujours être controversée. Cependant, il existe aujourd'hui dans le protestantisme français un courant représentant une très grande fidélité à la pensée de Calvin. Il est plus particulièrement illustré par la faculté libre de théologie* réformée d'Aix-en-Provence.

Une manière de recevoir la doctrine de la prédestination et de l'accepter, sans rien retrancher à l'interprétation d'un salut totalement gratuit, peut être d'ailleurs de croire en un salut universel. L'humanité tout entière plongée dans le péché et vouée à sa perte serait ainsi tout entière et sans aucun mérite de sa part sauvée par un Dieu, dont l'amour et la liberté demeurent à jamais un mystère insondable, pareil à un abîme de lumière sans ténèbres.

La Bible

La règle de la foi

La Bible est aujourd'hui un best-seller, puisqu'elle est le livre le plus traduit, vendu et lu dans le monde. Elle est le recueil des livres saints ou inspirés du christianisme. Bible vient d'ailleurs d'un terme grec signifiant « les livres », tant il est vrai que la Bible est une véritable bibliothèque qui renferme une multitude de textes écrits par des auteurs différents sur une durée d'environ un millénaire. Elle comporte deux grandes parties : la première, l'Ancien Testament (la première alliance conclue entre Dieu et Israël), écrite en hébreu, concerne l'histoire et la religion du peuple d'Israël; la seconde, le Nouveau Testament (la nouvelle alliance en Jésus-Christ), rédigée en grec, nous parle de la personne et du message de Jésus, issu du peuple juif, né et mort en Israël. A l'instar des chrétiens d'hier et d'aujourd'hui, les rédacteurs du Nouveau Testament ont vu en Jésus le sauveur attendu par Israël, appelé aussi Messie (mot d'origine hébraïque) ou Christ (en grec).

Si la Bible joue un rôle fondamental dans l'histoire et la pensée chrétiennes, elle occupe une place spécifique dans celles du protestantisme, et cela depuis déjà quatre siècles.

En 1521, Luther, au cours de son séjour au château de la Wartburg, avait commencé la traduction de la Bible. Sa version allemande du Nouveau Testament parut en 1522. Jusqu'alors, la Vulgate*, traduction latine due à saint Jérôme (347-420), était la version la plus courante de la Bible. Traduire la Bible en allemand, dans une langue accessible à tous, fut à bien des égards un geste subversif, révolutionnaire. L'on offrait ainsi brusquement sa lecture à chacune et chacun de ceux qui savaient lire. Cette généralisation de la lecture de la Bible fut grandement facilitée par Gutenberg et l'invention de l'imprimerie, au XVe siècle. Désormais, il était possible de comparer et de confronter les nouvelles idées de la Réforme aux témoignages bibliques dont elles se réclamaient. Le clergé et les théologiens chrétiens se trouvèrent ainsi non seulement défiés publiquement par la Bible, mais aussi dépossédés d'un pouvoir et d'un privilège, celui de sa lecture et de son interprétation exclusives.

La doctrine du salut par la seule grâce de Dieu manifestée en Jésus-Christ représente le principe matériel du protestantisme, parce que cette doctrine constitue le cœur, le contenu, la matière principale de sa pensée. La Bible, elle, est désignée comme son principe formel, parce que c'est elle qui contient cette pensée et en est la forme. C'est la découverte, dans la Bible, de la notion de salut par la grâce, qui conduisit les Réformateurs à en promouvoir la lecture. Ils reconnurent en elle la vérité absolue de notre foi.

Qu'on soit croyant ou non, chrétien ou non, la Bible est la source historique de la connaissance chrétienne. Nul ne peut accéder à une connaissance de Jésus et du christianisme sans passer par elle. Les Réformateurs, et tous les protestants après eux, ont vu une contradiction flagrante entre les affirmations et les pratiques chrétiennes de leur temps et la proclamation biblique d'un salut offert gratuitement par Dieu en Jésus. La tradition chrétienne se révélait ainsi infidèle à l'enseignement originel. Plus un fleuve s'éloigne de sa source, plus il risque d'être pollué. Néanmoins, les Réformateurs montrèrent que les premiers théologiens chrétiens, les Pères de l'Église, étaient, le plus souvent, restés en harmonie avec la Bible; la dérive s'était produite peu à peu.

Le protestantisme estime par conséquent qu'en matière doctrinale ou éthique la Bible est la source première, la règle de la foi, des croyances et de notre vie. La Bible jouit ainsi pour lui d'une double priorité par rapport à la tradition qui l'a suivie : une antériorité d'ordre historique et une primauté d'ordre spirituel. Tout prolongement est susceptible d'être un ajout infidèle. La Bible est une référence susceptible de baliser nos routes, d'éviter les glissements, les perversions d'ordre doctrinal et existentiel, afin de rester fidèle à la doctrine de la justification.

Un problème d'autorité

Avant la naissance du protestantisme, la question de l'autorité de la Bible passait par celle des… autorités religieuses. Entre le lecteur de la Bible et Dieu ne s'interpose plus désormais l'écran ou le filtre d'une Église représentée par la hiérarchie sacerdotale. La Bible n'est plus un trésor protégé, réservé, gardé par une Église qui la contrôle, la maîtrise et en dispose dans son enseignement et dans son commentaire. On rencontre là un grand principe du protestantisme : le sacerdoce universel*. Il signifie que les croyants sont tous prêtres par leur baptême. (I Pierre II, 9.) Il n'y a donc pas d'intermédiaire indispensable, de trait d'union clérical entre le Dieu de Jésus-Christ et le croyant.

Les Réformateurs n'ont pas trouvé dans la Bible ce qui confortait le christianisme d'alors, mais bien ce qui venait le contester et l'ébranler. Loin de se servir de la Bible pour légitimer doctrines et pratiques, ils ont trouvé en elle un guide critique, renvoyant au seul maître qui puisse être servi, Dieu et sa grâce en Jésus-Christ. A côté de la grâce seule, de la foi seule, il y a ainsi pour eux encore la Bible seule (*sola scriptura*, « l'Écriture seule »). On revient une fois de plus au « à Dieu seul la gloire » relativisant les traditions, théoriques ou pratiques, de l'Église. C'est pourquoi les protestants évoquent fréquemment la réalité d'une Église toujours à réformer *(semper reformanda)*.

« Tout protestant fut pape une bible à la main. » Cet alexandrin de Boileau *(Satire XII)* est souvent utilisé pour dénoncer cette lecture si personnelle, si indépendante et si libre de la Bible. Mais la formule est juste : le simple lecteur de la Bible n'a pas moins de pouvoir, dans sa compréhension et son interprétation de la Bible, que le pape. L'un et l'autre peuvent se tromper ou être éclairés par Dieu dans cette lecture. La donnée du sacerdoce universel a conforté dans la vie de l'Église, puis dans celle de la société civile et politique, l'idée moderne de la démocratie. La lecture de la Bible en avait été le ferment.

La religion de la Parole

Le Nouveau Testament nous rapporte l'enseignement, la vie et la mort de Jésus. Par ce témoignage, il nous invite à notre tour à devenir ses disciples et à entendre en lui la Parole de Dieu : « La Parole a été faite chair et elle a habité parmi nous pleine de grâce et de vérité. » (Jean I, 14.) C'est là, pour le chrétien, l'expression de l'Incarnation. Le protestant a pour la Bible un immense respect, il est toujours tenté de l'idolâtrer. En fait, la Parole de Dieu n'a pas été faite papier, mais chair. Dans ce sens, l'autorité de la Bible ne réside pas en elle-même, mais en Jésus dont elle nous parle et qui parle à travers elle.

Jésus lui-même n'a jamais rien écrit, si ce n'est une fois en traçant des traits éphémères dans la poussière et sur le sable. (Jean XVIII, 6, 8.) La Bible ne nous apporte pas des écrits de Jésus, qui n'ont jamais existé, mais donc bien sa Parole, dans laquelle le croyant entend celle de Dieu. C'est là une différence considérable entre le statut du Coran énoncé par Mahomet sous la dictée de Dieu et le Nouveau Testament, dont aucune ligne n'est rédigée par Jésus. La fidélité à cette réalité biblique consiste à lui rendre sa condition de Parole. Durant le culte, la lecture de la Bible à voix haute, comme la prédication* ou sermon qui en apporte un commentaire, rend à l'Évangile son statut véritable de Parole et non d'Écriture.

Ainsi, le but de l'Évangile est-il sa prédication; c'est là sa destinée à la fois première et ultime. Toute l'histoire protestante est liée à cette vérité et montre l'importance qu'elle a toujours attribuée à la prédication de l'Évangile : la Parole de Dieu a été et doit être une Parole.

On dit souvent que le judaïsme, le christianisme et l'islam forment ensemble les religions du Livre, non pas tant parce que tous trois reçoivent tout ou partie de la Bible dans leur tradition, mais parce qu'ils se veulent chacun fidèles à un texte fondateur, saint et inspiré. S'il fallait à ce sujet définir la spécificité du protestantisme, il serait infiniment plus juste de soutenir qu'il est la religion de la Parole, que sa mission, dans le concert de ces trois religions, est bien de faire entendre la Parole de Dieu. C'est là une donnée capitale, si l'on veut comprendre l'essence du protestantisme.

Pour le protestant, Jésus n'est jamais, malgré les apparences, l'objet de son étude de la Bible, des exégèses* des textes bibliques, ni des sermons, il en est toujours le sujet : c'est lui qui nous parle aujourd'hui à travers eux, c'est lui qu'il faut entendre. C'est là une manière de croire et dire qu'il est vivant et qu'il parle à travers la Bible et sa prédication. La proclamation de la Parole de Dieu s'identifie une fois encore à la devise : « A Dieu seul la gloire! ».

Une écriture et une lecture inspirées

Une lecture croyante de la Bible consiste à penser que ses différents rédacteurs ont été inspirés par Dieu. Mais pour entendre cette Parole de Dieu dans la Bible, son lecteur doit à son tour être éclairé par l'Esprit de Dieu (Saint-Esprit). Dans la mesure où le même Esprit inspire écriture et lecture de la Bible, on peut dire que dans cette démarche le Saint-Esprit rend en quelque sorte témoignage à lui-même. Il n'y a pas de lecture croyante du texte sans le secours de l'Esprit. Elle n'y entendra la Parole de Dieu que par un don de Dieu. C'est là le miracle de la grâce et de la foi, une manière d'affirmer encore que nous ne pouvons pas, par nous-mêmes, accéder à Dieu et à sa Parole. C'est pourquoi, dans le culte, la lecture de la Bible et la prédication sont précédées d'une prière dite d'illumination; on y demande à Dieu son Esprit afin qu'il nous éclaire pour nous permettre d'entendre sa Parole dans des écritures et des paroles si évidemment humaines. On peut donner l'exemple d'une telle prière dans la liturgie* de l'Église réformée de France : « Seigneur, nous te remercions de nous avoir réunis en ta présence, pour nous révéler ton amour et nous soumettre ta volonté. Fais taire en nous toute autre voix que la tienne. Et, de peur que nous ne trouvions notre condamnation dans ta Parole entendue sans être reçue, connue sans être aimée, écoutée sans être mise

Calvin dans son cabinet de travail.
Calvin avec certaines de ses œuvres (commentaires de la Bible, Traité des reliques, ouvrage contre les anabaptistes...) symbolise ici l'importance de l'entreprise théologique du Réformateur et de toute la Réforme, et les combats menés sur plusieurs fronts (catholicisme et anabaptisme) à la lumière de la Bible. (Anonyme français du XVIIe siècle.)
Ph. © Edimedia.

en pratique, ouvre par ton Saint-Esprit nos esprits et nos cœurs à ta vérité, au nom de Jésus-Christ. Amen. »

Quand on parle de la Bible et de ses différents textes, peut-être serait-il plus juste de dire les Écritures plutôt que l'Écriture. Malgré leur très grande diversité, ces livres bibliques font entendre une seule et même Parole, celle du Dieu de Jésus-Christ et de l'Évangile de la seule grâce, celle qui traverse et transcende toute la Bible. On ne saurait enfermer la Parole de Dieu dans les Écritures ; elle les et nous dépasse. Si l'affirmation du salut par la grâce et non par nos œuvres est un message de délivrance, prêcher cet Évangile enchâssé dans ces Écritures pour le rendre à sa libre condition et à l'envol de la Parole correspond, lui, à la délivrance du message.

Écriture et Parole de Dieu

Des divergences, voire de réels désaccords, existent entre les différents courants de la Réforme concernant la question du rapport de la Parole de Dieu et de l'Écriture.

Luther estimait qu'il est parfois très difficile d'entendre vraiment l'Évangile de la grâce dans tous les livres et tous les textes de la Bible, qu'un contresens à ce sujet est toujours possible. Seul un croyant solidement ancré déjà dans la foi peut reconnaître et discerner cet Évangile dans chaque page des Écritures. N'est véritablement Parole de Dieu, dans une Bible très humaine et diversifiée, que ce qui proclame, de l'Ancien Testament au Nouveau Testament, le salut offert gratuitement par et en Jésus-Christ. Avec

Luther, on est en présence d'une grille d'interprétation, à savoir d'une herméneutique* précise des textes bibliques.

Calvin, lui, était plus sensible à l'harmonie supérieure de ces textes bibliques, dont la vérité, en Dieu, nous dépasse de toute façon. Il faut entendre la Bible dans sa plénitude : la Bible seule et toute la Bible. Cependant, l'autorité souveraine et absolue de la Bible tout entière ne concerne que ce qui touche à l'essentiel, à savoir le salut et, par conséquent, la foi.

Les courants fondamentalistes du protestantisme cherchent toujours à réduire au maximum la distance qu'il peut y avoir, et que d'autres reconnaissent, entre l'Écriture (humaine) et la Parole (divine). Ils estiment que la Bible ne contient pas d'erreurs et ne souffre pas de contradictions, sinon de détails, et ce même au sujet de points secondaires. Le pasteur genevois Louis Gaussen (1790-1863) est l'un des premiers à avoir donné au fondamentalisme protestant une expression cohérente et systématique (dans *Théopneustie*, livre publié en 1842). Le courant fondamentaliste du protestantisme français, par exemple, est aujourd'hui plus particulièrement représenté par la faculté libre de théologie évangélique de Vaux-sur-Seine près de Paris. Les pasteurs des Églises baptistes ont été le plus souvent formés dans cette faculté où l'on insiste très fortement sur l'autorité absolue de toute la Bible.

Les extrêmes sont ainsi représentés d'un côté par ceux qui pensent qu'il faut entendre les textes bibliques dans leur esprit et de l'autre par ceux qui pensent qu'il faut, en quelque sorte, les prendre à la lettre. Si les uns insistent sur ce que veulent dire les textes et les autres sur ce qu'ils disent, tous les protestants s'accordent cependant pour trouver dans la Bible et à travers elle une Parole de Dieu que nous sommes tous totalement incapables d'entendre par nous-mêmes.

L'étude de la Bible

Le recours à l'idée du salut par la seule grâce de Dieu ne conduit pas à une paresse et à un abandon sur le plan éthique. Nos œuvres sont ainsi à la fois non salutaires et nécessaires. Le recours au Saint-Esprit, dans l'écoute de la Parole de Dieu, n'est pas non plus une façon de se dispenser d'étudier la Bible avec compétence.

L'interprétation de textes difficiles à comprendre par le paroissien ou le pasteur exige une formation ou, pour le moins, des efforts et des connaissances spécifiques. Deux mille ans, au minimum, nous séparent de leur rédaction. De ce point de vue, l'étude biblique requiert de chacune et de chacun un travail rigoureux. Dès ses origines, le protestantisme a donné à ses fidèles une très importante formation biblique, par la prédication et la catéchèse, et à tous les pasteurs une formation universitaire. On peut même soutenir que les études de théologie n'ont rien de clérical et doivent être ouvertes à tous. La fameuse robe noire du prédicateur, à l'heure du culte, n'est pas un vêtement liturgique, voire sacerdotal, mais bien un habit académique correspondant à un grade et à une compétence universitaires. Les pasteurs réformés ou luthériens en

France ont généralement fait leurs études à l'Institut protestant de théologie composé de deux facultés libres, celles de Paris et de Montpellier, ou dans la faculté de théologie protestante de l'université de Strasbourg.

L'étude biblique et la lecture des Écritures en famille, seul ou en groupe paroissial régulièrement réuni, pendant le culte, est un geste classique du protestantisme. La Bible ouverte est devenue, dans l'histoire du christianisme, le signe de ralliement des protestants.

L'Église

Événement et institution

Revenons à cette affiche que nous évoquions dans l'avant-propos. Placée à l'entrée des temples, elle dirait à celles et ceux qui se rendent au culte : « J'ai rendez-vous avec vous. » Un texte biblique, fréquemment cité dans le cadre des célébrations protestantes, est celui où le Christ déclare : « Je me tiens à la porte et je frappe. » (Apocalypse III, 20.)

L'Église est avant tout un appel que Dieu adresse aux hommes et qui les rassemble, un événement de sa seule grâce. De même que la foi est un mouvement de Dieu vers nous avant d'être celui de l'homme vers Dieu, l'Église est bien une convocation de Dieu adressée aux hommes avant d'être une institution humaine et une communauté. L'Église n'existe pas en dehors de cette relation ainsi comprise.

Comme l'écrivait le théologien protestant suisse Karl Barth (1886-1968) : « L'Église n'est ni la communauté, ni le groupement visible des hommes qui croient en Jésus-Christ, ni l'organe qui les représenterait sous forme monarchique, aristocratique ou démocratique. Elle n'est pas une idée, ni une institution, ni un pacte. Elle est l'événement qui rassemble deux ou trois hommes au nom de Jésus-Christ, c'est-à-dire par la puissance de l'appel qu'il leur adresse et du mandat qu'il leur confie. La structure de l'Église n'a de sens que par rapport à cet événement : la congrégation vivante. »

Une telle définition de l'Église est tout à fait classique dans le protestantisme. Déjà les Réformateurs insistaient sur le fait que l'Église existe, surgit, advient quand la Parole de Dieu est proclamée et reçue dans la fidélité au témoignage de la Bible. L'Église se trouve là où la Parole de Dieu retentit.

Le rapport événement/institution est par conséquent inversé. On passe de l'événement (celui de la Parole de Dieu) à l'institution (celle de l'Église) et non de l'institution à l'événement. Seul l'événement de la Parole de Dieu, de l'Évangile, permet à l'Église d'exister. La communauté chrétienne, qu'il s'agisse de son clergé ou du peuple de Dieu tout entier, est impuissante à provoquer cela. Elle est toujours la conséquence de l'événement de la Parole de Dieu.

Certes, ceux que l'Évangile éveille à la foi vont se réunir et se constituer en une communauté qui connaît une organisation et des structures, comme toute institution. Toutefois, l'Évangile précède, dépasse l'Église et n'est pas lié par elle. C'est cela que veut souligner le présent livre en parlant de la Bible et seulement ensuite de l'Église. La Parole de Dieu est toujours première. L'Église n'en est que la servante.

Le culte

Toute célébration religieuse peut correspondre à un besoin humain de se concilier les faveurs de Dieu, dont on redoute le jugement, voire la condamnation à mort, par des paroles et des rites. Le culte, loin de rendre gloire à un Dieu sauveur, devient alors un moyen pour apaiser et apprivoiser un Dieu redoutable et terrifiant, pour disposer de la Transcendance et l'approcher sans risques, ce que le culte protestant conteste depuis ses origines. Là encore, en symétrie avec la définition de l'Église, c'est Dieu qui a l'initiative. Il est ainsi le premier acteur du culte, il en est le maître et le Seigneur. La Parole de Dieu est un appel; la prière humaine est une réponse.

La prière des hommes, c'est d'abord Dieu venu à notre rencontre en Jésus. Le culte n'est pas une œuvre obligatoire et salutaire, mais un acte libre de reconnaissance, une manifestation et une proclamation communautaires louant le caractère absolu de la grâce. Tout culte protestant et tout le culte protestant n'a d'autre but que de remercier Dieu et le louer pour sa grâce en prenant acte d'un total renoncement à nous prévaloir de quoi que ce soit devant lui.

La compréhension protestante du culte rejaillit sur deux de ses éléments principaux : la prédication et le sacrement*. La prédication ou sermon est le commentaire d'un texte de la Bible; ce discours fait entendre la Parole de Dieu dans toute sa force et dans toute son actualité. Le sacrement correspond à un geste symbolique et à un rite institué par Jésus. Le protestantisme n'en reconnaît que deux clairement institués par Jésus, selon la Bible : le baptême et la cène* (ou eucharistie*). Or, depuis le XIIIe siècle, le christianisme fixait à sept le nombre des sacrements : le baptême et la cène, assurément, mais aussi la confirmation* des fidèles baptisés, la pénitence, l'extrême-onction (souvent appelée aujourd'hui le sacrement des malades), l'ordination* des prêtres par l'évêque, et le mariage.

Dès le début de la Réforme, les protestants réformés et luthériens se sont opposés au sujet du repas rituel de la cène et de la manière dont le Christ pouvait y être présent. Les uns, de tradition généralement réformée, parlent encore aujourd'hui d'une présence toute spirituelle du Christ ressuscité au milieu des siens et voient dans le pain et le vin de la cène les signes de son corps et de son sang. Les autres, de tradition principalement luthérienne, estiment que le Christ vivant est réellement présent dans le pain et le vin, et cela pendant sa seule célébration; la grâce de cette présence, en effet, est un événement lié à une parole et à un culte passagers; elle ne saurait être ni chosifiée ni fixée.

Les protestants sont cependant unanimes pour contester l'idée selon laquelle le prêtre et lui seul aurait le pouvoir de reproduire, de manière il est vrai non sanglante, le sacrifice unique du Christ offert sur la Croix. Dans une telle conception, le prêtre peut transformer aujourd'hui et matériellement le pain et le vin de la cène en vrai corps et en vrai sang de Jésus. Dans une telle perspective, l'Église participe ainsi au sacrifice du Christ ; elle offre à son tour à Dieu le sacrifice de la Croix et, ce faisant, s'offre aussi elle-même avec lui, puisqu'elle se définit et se comprend comme étant elle-même le corps mystique du Christ. Le but de ce sacrifice est d'opérer notre réconciliation avec Dieu ; cette action a une dimension salvatrice.

Pour le protestant, l'homme quel qu'il soit, fût-ce le pape, ne peut en aucune manière disposer d'un tel pouvoir sur Jésus-Christ. La cène, par conséquent, n'est pas un sacrifice offert par l'homme à Dieu pour sceller notre réconciliation avec lui, mais bien un sacrement, en tant que rite symbolique, offert à l'homme par Dieu, qui exprime ainsi sa grâce. Dans une telle représentation, la cène peut être imagée par un mouvement descendant de Dieu vers l'humanité : il vient vers le croyant et entre en communion avec lui. Dans l'autre figuration, refusée par les protestants, le mouvement est ascendant : l'Église s'élève vers Dieu et lui offre à nouveau la mort du Christ, participant à l'œuvre de salut de Dieu. On comprend alors qu'en règle générale les protestants préfèrent parler, pour ce repas rituel, d'une table de communion et non pas d'un autel.

Souvent défini, depuis saint Augustin, comme le signe visible d'une grâce invisible, le sacrement est bien un rite célébré au cours du culte, mais il correspond en fait à une parole visible. Ainsi l'eau du baptême, d'une part, le pain et le vin de la cène, d'autre part, traduisent et expriment la grâce de Dieu à ceux qui vivent le sacrement dans la foi. La proclamation de la Parole de Dieu dans le culte peut donc se faire sous une double forme : audible avec la prédication et visible avec le sacrement. Religion de la parole, le protestantisme conçoit le sacrement comme une parole visible.

Les protestants ont inlassablement accordé à la lecture de la Bible et à la prédication une place centrale dans le culte. On est d'ailleurs frappé de voir avec quel soin luthériens et réformés se sont appliqués à accorder à la prédication des qualités jusque-là réservées, de fait, au seul sacrement. Premièrement, Jésus est véritablement présent dans la prédication de la Parole de Dieu, comme il l'est dans le sacrement. Deuxièmement, cette prédication témoigne ainsi, à sa manière elle aussi, de l'Incarnation de Dieu. Troisièmement, la puissance et la souveraineté de la Parole de Dieu sont telles qu'elles sont totalement indépendantes, comme pour le sacrement, des qualités religieuses, spirituelles, intellectuelles ou même morales de celui qui prêche. L'auditeur qui écoute une prédication doit rendre gloire à Dieu seul et non aux performances humaines, aussi brillantes seraient-elles, d'un orateur.

Église visible et invisible

L'Église et les Églises ont par leurs cultes, leurs communautés, leurs institutions, leur histoire, un caractère visible. Mais cette visibilité n'est rien si elle ne se manifeste pas aussi par la pratique d'un amour du prochain répondant à l'événement du Dieu d'amour manifesté en Jésus. L'Église visible, c'est aussi, voire d'abord, une charité en actes, dont les fruits apportent au christianisme son vrai visage. Jésus déclare d'après le quatrième Évangile : « A ceci tous connaîtront que vous êtes mes disciples, si vous avez de l'amour les uns pour les autres. » (Jean XIII, 35.) Quand on interroge l'homme de la rue en lui demandant de citer d'authentiques chrétiens, il ne mentionne pas de grands théologiens, d'hier ou d'aujourd'hui, mais nomme d'abord des hommes et des femmes comme Mère Teresa, Sœur Emmanuelle ou le pasteur Martin Luther King, l'abbé Pierre ou l'évêque anglican Desmond Tutu. Leur exemple est retenu parce qu'ils ont su exprimer, par leur vie, un amour du prochain, qui est constitutif d'une existence chrétienne.

Quand le Nouveau Testament parle de communautés chrétiennes, il s'agit toujours d'Églises précises et repérables à Rome ou à Corinthe, à Éphèse ou à Jérusalem, par exemple. Comment se fait-il que les protestants, si attachés à la Bible, aient pourtant tenu à parler d'une Église invisible, dont l'expression est pourtant absente des Écritures ? Ils ont estimé que si ces deux termes en tant que tels ne figuraient pas dans la Bible (pas plus d'ailleurs que ceux de sacrement, de Trinité...), la notion y était, elle, présente et capitale.

Les Églises visibles sont, dans le cadre d'un christianisme historique et institutionnel, une grandeur multiple, humaine, relative et faillible. Luther déclarait déjà à la diète de Worms en 1521 que le pape lui-même et les conciles s'étaient souvent trompés et contredits. L'Évangile de Jean, dans la Bible, est

Temple surnommé « Paradis » à Lyon ; construit en 1563, détruit en 1567.
La forme circulaire de ce temple en fait un auditoire idéal pour l'écoute, centrale dans le culte protestant, de la lecture de la Bible et de la prédication. Les bancs expriment l'importance de cette dernière dès le XVI*e siècle ; on ne s'est assis dans les églises catholiques qu'à partir du* XIX*e siècle. On remarquera ici la célébration d'un baptême, la sobriété du lieu, la simplicité de la cérémonie. Le sacré n'est pas là, mais en Dieu seul. (Œuvre attribuée à Jean Perissin, vers 1565.)*
Ph. © G. Dagli Orti.

conclu par une exclamation de Jésus déclarant : « Heureux ceux qui croiront sans avoir vu! » (Jean XX, 29.) Après deux mille ans d'histoire du christianisme, ne dirait-il pas plutôt aujourd'hui : « Heureux ceux qui croiront malgré ce qu'ils auront vu »?

Cela dit, seul Dieu sonde les cœurs et connaît la véritable Église. L'Église, dans sa réalité profonde, nous échappe et ne dépend pas de nous, puisqu'elle est un événement de Dieu. On peut dire que si on sait où est l'Église, on ne sait pas où elle n'est pas. En postulant une Église invisible, le protestantisme n'a pas tant voulu respecter, dans un esprit de tolérance, notre liberté de conscience que la liberté de Dieu, dont la Parole dépasse les cadres et les frontières humaines des Églises. La réalité de ces dernières ne saurait limiter la Parole de Dieu. Dieu est libre de parler quand il veut et par qui il veut, fût-ce par la bouche d'un athée.

Certains chrétiens voudraient que les protestants reconnaissent dans l'Église visible le sacrement par excellence; cependant, pour ces derniers, le véritable signe visible d'une grâce invisible est Jésus-Christ. Parler de sacramentalité de l'Église serait en effet accorder à des entreprises humaines, et par conséquent faillibles et relatives, une souveraineté qui n'appartient en réalité qu'à la seule Parole de Dieu en Jésus-Christ.

Vers une autocritique

Le protestantisme est facilement enclin à critiquer les autres confessions chrétiennes, voire habité par un complexe de supériorité. En fait, le principe du salut par la seule grâce de Dieu, dans la mesure où il opère un renversement par rapport à l'idée si communément et normalement reçue d'un salut par nos œuvres, doit sans cesse être reconquis sur ce qui le pervertit. Cela est vrai à l'intérieur même du protestantisme. L'idée qu'il est possible d'accéder à Dieu par nos propres moyens est si familière à l'homme, qu'on voit mal comment le protestant serait miraculeusement, et lui seul, protégé d'une telle prétention. Nul n'est jamais à l'abri d'un élan aussi spontané. C'est la raison pour laquelle le protestantisme ne sera fidèle à sa vocation qu'en pratiquant une perpétuelle et exigeante autocritique et en se rappelant les chemins difficiles d'une Église toujours à réformer. L'interpellation critique de la Bible, à cet égard, n'est jamais réalisée une fois pour toutes.

L'idée du salut par la foi seule, dont nous avons souligné toute l'ambiguïté, n'est pas toujours bien comprise, et ce par les protestants eux-mêmes. Ils ont tendance à se méfier lorsque l'accent est mis sur l'importance de l'amour du prochain, comme si sa pratique s'identifiait forcément à l'idée d'œuvres à la fois méritoires et salutaires. Il n'est pas facile de saisir cette tension paradoxale et dynamique dont vit la foi protestante : l'amour du prochain, répondant à l'amour de Dieu pour nous, est tout à fait essentiel et pourtant cet essentiel ne nous sauve pas.

Une autre manière de s'éloigner du principe matériel qui régit le protestantisme consiste à accorder un tel poids à cet amour du prochain qu'il nous écarte de la foi, jugée trop passive et abstraite, souscrivant alors à un humanisme un peu flou, où la confiance en l'homme peut aisément se confondre avec le retour inavoué d'une autoglorification. N'y a-t-il pas parfois aussi, dans un certain christianisme social, tout à fait décisif pourtant, un risque de voir dans la transformation politique de la société et de ses injustices un combat exclusif oublieux de la dimension spirituelle de la foi et, surtout, secrètement enclin à l'idée d'un salut par les œuvres ? Là encore, l'essentiel ne sauve pas et il faut toujours le rappeler.

Une autre forme du protestantisme, très axée sur l'importance de la conversion personnelle* et sur les exigences d'une vie nouvelle qui en résulte, peut trouver, avec le moralisme et l'idée d'une existence exemplaire, une voie qui n'est pas sans rappeler les sirènes des œuvres méritoires.

Disons-le clairement, ce ne sont pas nos mauvaises actions qui sont les plus dangereuses, par rapport à la conviction d'un salut par la seule grâce de Dieu, mais bien nos bonnes œuvres : on est en effet toujours tenté d'en tirer gloire et de s'en prévaloir devant Dieu et devant les hommes. Ce n'est donc pas, à cet égard, du mal que je fais que je dois me méfier, mais du bien !

Un dernier point, le plus délicat probablement, doit être mentionné ici. Le protestant est si convaincu de l'excellence de sa lecture de la Bible qu'il pense généralement que l'idée d'un salut obtenu par nos actions, et par conséquent mérité, est l'œuvre d'ignorants ou de malhonnêtes. En traduisant et diffusant

Le mur des Réformateurs à Genève, ville de Calvin. *La première pierre a été posée en 1909 pour le quatre centième anniversaire de la naissance de Calvin, que l'on voit ici avec d'autres Réformateurs qui le connurent à Genève. Calvin, légèrement à l'avant-plan, tient une Bible ouverte, exprimant ainsi l'importance que la Réforme accorde à la Bible lue et prêchée.*
Ph. © G. Dagli Orti

très largement la Bible, le protestant a été longtemps convaincu qu'il convertirait à sa cause toute personne de bonne foi. Or cela ne s'est pas produit et il serait absurde d'incriminer l'endurcissement des cœurs rebelles à la vérité.

Avec le principe matériel du salut par la seule grâce de Dieu, Luther avait de fait appliqué à toute la Bible, et ainsi à la vie entière des hommes, une grille de lecture proprement révolutionnaire. N'était pour lui Parole de Dieu que ce qui va dans le sens de l'Évangile ainsi compris. Une telle manière d'interpréter la Bible lui paraissait seule fidèle au Dieu de Jésus-Christ. Pourtant, certains textes s'avéraient beaucoup plus difficiles que d'autres à inscrire dans une telle visée. L'Épître de Jacques, par exemple, qu'il appelait une « épître de paille », insistait trop, à son goût, sur la critique de la foi sans les œuvres et ne mentionnait pour ainsi dire jamais véritablement Jésus. Luther est allé parfois jusqu'à se demander si l'on ne devrait pas retrancher cette Épître de la Bible.

La question que posait ainsi Luther était bien déjà une mise en question. Le débat n'est pas clos. Une analyse historique et théologique de la Bible révèle une identité moins univoque et beaucoup plus diverse que ne le pensent les chrétiens habituellement. Elle est en réalité traversée par des théologies très différentes et parfois difficilement conciliables. La lecture protestante de la Bible, fondée exclusivement sur le salut par la seule grâce de Dieu, ne malmène-t-elle pas les textes pour les faire tous entrer dans une visée artificiellement harmonisatrice ? Celui ou celle qui lira la Bible avec la conviction que la foi et les œuvres sauvent n'y trouvera-t-il pas bien des pages pour appuyer son interprétation, et cela jusque dans les Évangiles eux-mêmes, surtout celui de Matthieu ? Il ne s'agit pas ici de répondre à une question souvent posée, mais peut-être, plus modestement, d'accepter que la grande idée du salut par l'unique grâce de Dieu est une des grilles d'interprétation de la Bible. Les protestants ont-ils le droit de figer la lecture et l'interprétation de la Bible et de se considérer comme habilités à être les gardiens du temple ?

Reconnaissons, par conséquent, que la lecture et l'interprétation de la Bible sont très fortement marquées par le lieu, le contexte protestant ou catholique où l'on se trouve et d'où l'on parle. Ainsi, les mêmes textes seront-ils compris et inscrits, par les uns, dans une perspective d'un salut par la seule grâce de Dieu et, par les autres, dans celle d'un pardon largement ou partiellement obtenu par les œuvres. Le contexte de notre lecture de la Bible induit ainsi une grille d'interprétation des Écritures et en oriente la réception.

L'essence du protestantisme réside
dans la conviction et la proclamation,
qui se veulent fidèles à la Bible, d'un pardon
et d'un salut accordés à l'être humain
par Dieu en Jésus de manière totalement
indépendante de nos œuvres. Cette foi désintéressée
mais active s'exprime dans une devise insistant
sur la grâce première d'un Dieu souverain :
« A Dieu seul la gloire! »

L'existence du protestantisme se manifeste
par une pluralité, un esprit de liberté
et une simplicité qui contrastent avec l'unité,
le système d'autorité et les fastes du catholicisme.
Mais les désaccords, en réalité irréductibles,
qui opposent ces deux confessions chrétiennes
ne peuvent-ils pas être vécus
dans l'idée d'une complémentarité?

La manière d'être du protestantisme

Les pages qui vont suivre se différencient nettement des précédentes par leur contenu et par leur ton. Elles ne traitent plus de l'être ou de l'essence du protestantisme, mais de sa manière d'être et de son existence. Elles ouvrent un débat, et l'auteur n'y garde par conséquent plus la même neutralité. A bien des égards, il prend position, pour ne pas dire parti. Cette seconde étape compare en effet le protestantisme avec

« Simultaneum » d'Assens (Vaud), avant 1936
(page précédente).
A gauche, la chaire catholique ; derrière la grille, le chœur et l'autel ; à droite, la chaire réformée et la table de communion. Le « simultaneum », lieu de culte commun aux catholiques et aux protestants notamment, que l'on rencontre en Suisse, Allemagne (Palatinat), France (Alsace), par exemple, remonte à un usage très ancien (XVIe siècle). Partager ainsi un même espace n'est-il pas un symbole fort dans une perspective œcuménique et pour deux confessions si opposées dans leur gestion de l'espace, justement ?
Ph. © S. Bioley / musée de l'Élysée, Lausanne.

le catholicisme. L'auteur met en évidence des caractéristiques, des marques typiquement protestantes qu'il fait siennes et dont, en tant que théologien réformé, il souligne les aspects positifs. Mais moins neutre ne signifie pas moins vrai ou purement subjectif. D'ailleurs, la seule manière d'être objectif n'est-elle pas d'admettre d'emblée qu'on ne l'est jamais véritablement? Toute affirmation doit être responsable et tout auteur est impliqué dans et par ce qu'il écrit.

A aucun moment jusque-là, il n'a été fait mention explicitement du catholicisme, si ce n'est une ou deux fois pour des raisons d'ordre purement historique. Il s'agissait d'abord d'apporter des connaissances et de viser une compréhension correcte du protestantisme. Cela a été fait non pas par rapport au catholicisme, mais en soulignant la logique propre, les conséquences et la cohérence d'une foi entièrement dominée par la devise protestante : « A Dieu seul la gloire! »

La Réforme a été opérée en opposition au christianisme occidental d'alors, avec l'espoir de le changer du dedans. Cela n'a pas été possible. A travers l'histoire, les idées de réforme sont peu à peu devenues la Réforme. Le catholicisme et le protestantisme se sont constitués en deux entités distinctes et antithétiques. Luther et ses partisans n'ont pas voulu quitter l'Église d'alors; ils en ont été exclus.

Depuis les origines de la Réforme, le catholicisme et le protestantisme se sont combattus, affrontés ou, au mieux, ont ouvert un débat. La situation est tout à fait différente par rapport à l'orthodoxie orientale. Cette dernière a son histoire propre et une identité très marquée. On pourrait comparer, en les opposant également, le protestantisme avec cette forme, très spécifique, d'un christianisme oriental. Mais l'histoire ne s'est pas faite ainsi. Le protestantisme ne s'est pas forgé dans un antagonisme face à l'orthodoxie, mais face au catholicisme. Le schisme du XVIe siècle concerne l'histoire de l'Occident et non celle de l'Orient. Il est d'ailleurs hautement significatif que l'orthodoxie et le protestantisme, deux confessions aussi différentes et éloignées l'une de l'autre par leurs traditions, leurs cultes, leur culture et leur aire géographique, fassent partie intégrante du Conseil œcuménique* des Églises (COE). Ce Conseil, dont le siège est à Genève, a été créé en 1948, et rassemble les chrétiens orthodoxes, protestants et anglicans luttant pour l'unité des Églises. Le catholicisme n'en est toujours pas membre, bien que plusieurs de ses théologiens participent officiellement à certaines de ses commissions, parmi les plus importantes. Il est souvent plus facile d'entretenir des relations paisibles avec des parents éloignés qu'avec ceux de sa plus proche famille…

Pluralité, liberté, simplicité

La pluralité

Le protestantisme se caractérise par une grande pluralité. Alors que l'on parle d'une Église catholique, on est obligé d'employer le pluriel s'agissant du protestantisme. La Réforme a en effet donné naissance à plusieurs dénominations protestantes. Nous avons déjà cité les principales : luthérienne, réformée et baptiste. Chacune d'entre elles est constituée de plusieurs Églises. La Fédération protestante de France, par exemple, qui fut créée en 1905, ne compte pas moins de quinze Églises, ainsi que des institutions, œuvres et mouvements d'inspiration protestante. De même, l'Église réformée de France, qui fait partie de l'Alliance réformée mondiale fondée en 1875, et regroupant environ cent cinquante Églises, attendit 1938 pour rassembler en une seule les différentes Églises qui la constituaient avant sa forme unie actuelle.

Il ne faut pas confondre pour autant, comme on le fait encore trop souvent, le protestantisme avec une secte, ou même avec n'importe quelle forme de dissidence, et prétendre que chaque protestant, habité par un individualisme forcené, représente à lui tout seul sa vérité ecclésiastique sous prétexte que, comme l'affirmait Boileau, il est pape une Bible à la main. En revanche, il n'est pas dit, comme on le verra, qu'une pluralité d'Églises, qui aiguise le sens du pluralisme et habitue à la collaboration fraternelle dans la diversité, n'ait que des désavantages. Mais auparavant, il est important de mettre en évidence une vérité trop souvent sous-estimée, à savoir celle de l'unité infrangible du protestantisme.

Le protestantisme, au singulier, existe bel et bien. Son harmonie fondamentale lui vient du principe matériel du salut par la seule grâce de Dieu et du principe formel de la Bible reçue comme seule règle de la foi, deux données tout à fait décisives. Ces deux réalités soudent ensemble toutes les formes que revêt le protestantisme, et cela sans exception, hier comme aujourd'hui. L'unité de la mosaïque protestante est en fait plus profonde qu'apparente ; elle concerne sa foi plus que ses institutions et structures. Elle ne saute pas aux yeux. Elle exige, pour être bien repérée, un effort conduisant à connaître et à comprendre l'esprit du protestantisme. Rien de comparable avec cette unité extérieure et évidente du catholicisme, représentée de manière si claire par le pape et le Vatican. On pourrait, pour illustrer cette dissemblance, faire la comparaison suivante : le protestantisme ressemble à une grande famille très unie, mais répartie dans des maisons différentes, alors que le catholicisme est pareil à une grande maison (Rome, le pape, le Vatican) habitée par des familles différentes. On ne dira jamais assez que le catholicisme est en vérité beaucoup plus divisé par ses courants et tensions internes qu'on ne le pense parfois; songeons à la question du célibat des prêtres ou à celle de la place des femmes dans l'Église. On ne peut pas non plus oublier l'importance de ces ordres si contrastés, aux options indépendantes et contraires, que représentent les jésuites, les dominicains, les franciscains et nombre d'autres.

A l'inverse, les Églises protestantes, habituées à dialoguer entre elles, ont été à l'origine et sont encore à la pointe du dialogue œcuménique. On désigne par œcuménisme le mouvement des chrétiens luttant, depuis la fin de la Première Guerre mondiale, pour un rapprochement et pour l'unité des croyants de différentes confessions, en particulier les catholiques, les orthodoxes, les protestants et les anglicans. On aurait pu penser que le protestantisme, apparemment si éparpillé, serait peu enclin à la vocation de rassembleur. C'est le contraire qui s'est produit, et le catholicisme a montré, à travers les siècles, que sa position inébranlable était cause de divisions et de schismes douloureux. C'est en 1925, à Stockholm, qu'eut lieu « Vie et Action », la première grande conférence œcuménique internationale axée, dans la perspective d'un christianisme pratique et social, sur l'idée que, si les croyances divisent, les actions rassemblent. Six cents délégués de trente-sept pays et de la plupart des Églises de la chrétienté s'y rassemblèrent. Les espoirs soulevés par cette manifestation historique, dont les protestants prirent l'initiative et que d'aucuns jugèrent prophétique, se heurtèrent alors au refus du catholicisme d'y participer. Les orthodoxes, comme les anglicans, y furent présents. Nous avons déjà vu que le catholicisme, en tant que tel, ne fait toujours pas partie du Conseil œcuménique des Églises, ce qui oblige à nuancer les déclarations officielles de l'Église catholique en faveur de l'œcuménisme. Reconnaissons cependant qu'à la base, dans d'innombrables paroisses, mouvements, et dans beaucoup de facultés de théologie, des catholiques, que ne soutient pas toujours leur hiérarchie, luttent avec conviction et enthousiasme en faveur d'un œcuménisme authentique. Toutefois, les résistances de la hiérarchie catholique, à son sommet, ont très souvent découragé et rendu sceptiques les protestants, même les plus acquis à la cause de l'unité.

Compte tenu de leur expérience de la diversité et de leur sens du pluralisme, entendus comme une chance et non pas comme une faiblesse congénitale, les protestants recherchent davantage l'union des Églises, avec leurs spécificités complémentaires et réciproquement enrichissantes, qu'une unité formelle, institutionnelle et doctrinale. Une telle unité est en effet toujours susceptible de ruiner des identités originales et profondément respectables, de conduire à une uniformité réductrice et plate. Le théologien protestant Oscar Cullmann, qui fut invité par le pape Paul VI au concile de Vatican II (1962-1965), dit bien ce projet typiquement protestant dans son livre *L'Unité par la diversité.*

Ce caractère multiple et non monolithique du protestantisme, que certains jugeront éclaté, tel un puzzle défait, explique sa souplesse et son adaptabilité. Il n'a pas à souffrir de la lourdeur d'une institution comme le catholicisme, certes très ancienne, mais difficile à réformer et à ajuster aux contextes géographique et historique des sociétés. Le souci d'adaptation du protestantisme se manifeste dans sa volonté d'actualisation. En voici trois exemples.

Le premier est celui de la traduction et des traductions de la Bible. On a vu l'importance, dans la naissance de la Réforme, de la traduction de la Bible en langue vulgaire (de *vulgus*, « peuple »). La lecture de la Bible a façonné l'âme protestante jusque dans les campagnes et les régions les plus éloignées des centres culturels. Elle ne lui a pas seulement apporté une édification, mais aussi un savoir et une sagesse. Le catholicisme parle souvent aujourd'hui, pour associer les fidèles de la base à une compréhension nouvelle d'une Église ouverte, du « peuple de l'Église ». On pourrait dire que les protestants, eux, forment plutôt le « peuple de la Bible ». Pour rester fidèles à leur vocation et à leur identité, les protestants ne doivent-ils pas tout faire pour rendre la Bible à la culture contemporaine qui l'a oubliée et l'ignore ? Cette méconnaissance représente un handicap et un grave déficit culturel. En effet, la Bible n'est pas seulement la règle de la foi, elle est consubstantielle à tout un univers culturel qu'elle a marqué depuis des millénaires. L'ignorer et la méconnaître c'est, très souvent, se trouver égaré et manquer de repères essentiels.

Les protestants ont été, à travers les siècles, à l'origine d'innombrables traductions de la Bible, non seulement dans leurs entreprises missionnaires de la fin du XVIIIe siècle et de la première moitié du XIXe siècle, mais aussi pour l'usage, toujours renouvelé, de l'évangélisation et de la prédication chrétienne dans le cadre de la société et des paroisses ou Églises locales. On voit ainsi se succéder, à un rythme rapide, d'incessantes traductions de la Bible en langues étrangères, certes, mais également à l'intérieur de la même langue, pour adapter, par exemple, des versions vieillies aux contextes actuels.

Il convient de souligner ici fortement que pour ne pas faire de la lecture de la Bible une sorte de passage doctrinal et clérical obligé, les protestants ont inlassablement refusé d'accompagner de notes leurs traductions de la Bible; ils en ont rédigé, parfois, pour des explications purement techniques : noms de personnes ou de lieux, précisions d'ordre exclusivement historique et informatif, par exemple. La Traduction œcuménique de la Bible (la fameuse TOB, 1972-1975), réalisée conjointement par les orthodoxes, les catholiques et les protestants, constitue à cet égard une exception; mais cette version se veut non seulement le reflet, dans les notes, d'interprétations différentes possibles des textes bibliques, mais aussi un précieux instrument de travail pour tous ceux qui désirent enrichir leur lecture de connaissances leur permettant de mieux comprendre ces textes. Les traductions de la Bible aujourd'hui relèvent souvent d'entreprises largement œcuméniques et correspondent à cette vocation d'un protestantisme désireux de trouver dans la Bible, plutôt que dans l'Église, le lieu même de l'œcuménisme.

On remarquera enfin que les protestants, dans leur travail d'exégèse biblique, se sont aussi illustrés dans la promotion d'approches et de méthodes de lecture de la Bible très diversifiées. Ils ont pris en compte les apports des historiens, des archéologues, des philologues, mais encore, dans le cadre des sciences humaines, des psychologues et des sociologues. Ce n'est pas parce que la Bible est la règle de la foi, qu'elle ne doit pas être aussi lue dans sa dimension littéraire proprement humaine. Elle n'est pas un mausolée sacré et intouchable, ni un tombeau vide. C'est dire qu'elle est simultanément ouverte à tous, croyants et non-croyants, simples lecteurs et savants, et habitée par la présence du Dieu de Jésus-Christ qui transcende nos recherches, nos lectures et nos approches fragiles.

L'exégèse historique et critique des textes bibliques, dont les pionniers au XIXe siècle, voire déjà au XVIIIe siècle, furent des protestants, a considérablement enrichi notre connaissance de la Bible, mais a connu des fortunes diverses. Elle est l'expression classique, dans le paysage de la modernité, de la manière dont le protestantisme a lu la Bible. Elle s'est peu à peu imposée dans les milieux chrétiens à partir de la seconde moitié du XXe siècle. Cette lecture ne se contente pas, dans une perspective historique, de rechercher les contextes et les sources des textes de la Bible. Elle s'interroge aussi, de manière critique et avec plus ou moins de radicalisme, sur l'authenticité des événements rapportés aussi bien dans l'Ancien que dans le Nouveau Testament; elle s'interroge donc également sur l'authenticité des paroles et des actes de Jésus rapportés par les évangiles.

Le souci protestant de pluralisme a donc favorisé des lectures très diverses de la Bible qui ont pu ensuite se faire librement sans contrôle clérical. Des professeurs de théologie ont pu susciter par leurs recherches des débats houleux et des contestations très vives, ils n'en ont pas moins pu poursuivre leur travail universitaire tout à fait officiellement et cela aussi librement que les fondamentalistes protestants, diamétralement opposés à leurs conclusions. La pluralité protestante est là tout à fait significative.

Tout ce que nous venons de dire concernant la Bible peut être repris au sujet des confessions de foi. C'est là notre deuxième exemple. On désigne par la confession de foi ou Credo* (du latin « je crois ») le texte dans et par lequel des croyants expriment leur foi; ce texte lu ou récité au cours du culte est ainsi un résumé très synthétique de la foi chrétienne dans certains de ses éléments les plus importants. Tel est le sens du mot symbole, qui vient d'un terme grec signifiant « mettre ensemble ». Les protestants souscrivent dans leur majorité aux grandes confessions de foi de la tradition chrétienne représentées par le Symbole de Nicée-Constantinople, dont la version actuelle remonte au IVe siècle, et le Symbole des Apôtres, dont la version définitive remonte au VIIIe siècle. Le Symbole de Nicée-Constantinople est la confession de foi lue dans le cadre de la messe catholique; c'est à titre exceptionnel, et surtout dans des célébrations œcuméniques, qu'on utilisera le Symbole des Apôtres plus souvent retenu, lui, par les protestants. Ces derniers accueillent généralement ces confessions de foi historiques (*cf.* annexes), sinon dans leur lettre, au moins dans leur esprit. Certains protestants, toutefois, aussi bien du côté progressiste que du côté conservateur, refusent de se reconnaître dans ces pages, dont ils critiquent soit une certaine mythologie, soit une terminologie trop éloignée des termes et des concepts bibliques. Il faut cependant insister sur le fait que le protestantisme unanime ne se définit pas dans sa foi avec de nouveaux dogmes, mais bien, comme cela a été clairement dit dans la première partie, avec des principes spécifiques. C'est là une nuance tout à fait capitale.

Les chrétiens s'accordent volontiers pour reconnaître que les grandes confessions de foi héritées du passé sont marquées par une conception du monde et des catégories philosophiques et scientifiques qui ne sont plus ni celles de la Bible ni les nôtres, surtout en ce qui concerne le Symbole de Nicée-Constantinople. C'est la raison pour laquelle, faisant droit à une fidèle exigence d'intelligibilité pour tous, les protestants ont préféré rédiger, au cours des siècles, et en les destinant à leurs contemporains, de nouvelles confessions de foi. C'est le même souci qui les a conduits à toujours proposer d'autres traductions de la Bible. Ainsi trouve-t-on là, en plus de cette permanente volonté d'actualisation, un florilège de textes exprimant par leur diversité ce respect constant du pluralisme.

Notons cependant que la tradition réformée, plus que la tradition luthérienne, a procédé à ces créations actualisantes.

Voici une confession de foi récente, souvent utilisée par les protestants français aujourd'hui, et qui fait officiellement partie du recueil liturgique destiné au culte de l'Église réformée de France :

> *« Nous croyons en Dieu.*
> *« Malgré son silence et son secret, nous croyons qu'il est vivant. Malgré le mal et la souffrance, nous croyons qu'il a fait le monde pour le bonheur de la vie. Malgré les limites de notre raison et les révoltes de notre cœur, nous croyons en Dieu.*
> *« Nous croyons en Jésus-Christ.*
> *« Malgré les siècles qui nous séparent du temps où il est venu, nous croyons en sa parole. Malgré nos incompréhensions et nos refus, nous croyons en sa résurrection.*
> *« Malgré sa faiblesse et sa pauvreté, nous croyons en son règne.*
> *« Nous croyons en l'Esprit saint.*
> *« Malgré les apparences, nous croyons qu'il conduit l'Église. Malgré la mort, nous croyons à la vie éternelle. Malgré l'ignorance et l'incrédulité, nous croyons que le Royaume de Dieu est pour tous les hommes. »*

Le troisième et dernier exemple retenu est celui du culte. Compte tenu de ce que nous venons de voir avec la Bible, d'une part, et les confessions de foi d'autre part, on ne sera pas étonné de constater, là encore, les effets du même esprit protestant, et particulièrement celui du pluralisme.

Célébré, dès le XVIe siècle, en langue vulgaire et non plus en latin, le culte protestant manifeste une très grande diversité d'une Église à l'autre, d'une région à l'autre et à travers les siècles. Il n'obéit à aucune forme imposée ni à aucun ordre stéréotypé et figé. Les textes et paroles de ses différentes parties, les cantiques et prières, le déroulement et la fréquence de la cène, etc., sont ainsi extrêmement divers et font preuve d'une belle invention créatrice, d'une richesse nourrie par les siècles et des usages bien spécifiques. Là encore, la pluralité triomphe, mais, bien entendu, sans déroger au principe matériel et au principe formel qui structurent toute la pensée religieuse du protestantisme : le salut par la seule grâce divine manifestée en Jésus-Christ et la Bible reçue comme règle unique de la foi. Citons ici les lignes significatives de Luther rédigées dans un avant-propos introduisant un ordre du culte publié en 1526 : « Avant toutes choses, je voudrais demander, d'une façon tout amicale et aussi pour l'amour de Dieu, que tous ceux qui tombent sur l'ordre de service que nous publions ici ou qui veulent le suivre n'en fassent pas une loi impérative pour enchaîner et rendre captive la conscience de qui que ce soit; mais qu'ils l'utilisent dans l'esprit de liberté chrétienne, selon le plaisir qu'ils y trouvent et de la manière que les circonstances, les lieux et le temps rendent possible et nécessaire. Car nous ne le publions pas avec l'intention de faire pression sur quiconque ou de gouverner par des lois. » On voit bien ici que le déroulement du culte protestant et la manière de le célébrer ne correspondent pas à une règle normative, mais relèvent du domaine indicatif. Calvin, lui aussi, préconise souplesse et liberté en cette matière. Dans la préface en latin de son *Catéchisme** de 1538, il écrit par exemple : « Recherchons l'unité dans la doctrine et les sacrements, plutôt que de nous attacher avec pédanterie à l'exacte conformité des cérémonies du culte. »

Cette diversité cultuelle ne signifie pas cependant la confusion ou la révolution permanente. Chaque Église a ses traditions, ses usages et ses règles en matière cultuelle. Mais ces pratiques ne sauraient être régies par des autorités et des conseils ou commissions d'Églises une fois pour toutes, de manière autoritaire et, surtout, sans la consultation ni l'avis de celles et ceux qui participent au culte. Ce dernier n'est pas laissé à la seule autorité, ou improvisation, du pasteur. Les fidèles intéressés et responsables sont partie prenante dans le processus d'élaboration des textes cultuels ou liturgiques. C'est là une différence fondamentale. L'universalité de la messe catholique et de sa liturgie a sa grandeur et sa beauté, elle n'en est pas moins contraignante.

On comprend, dans de telles conditions, que l'abandon du latin, alors universellement en usage dans la messe, ait pu paraître à beaucoup de catholiques comme un véritable ébranlement, une sorte de tremblement de terre, voire peut-être, surtout, une « protestantisation » du catholicisme. Cette décision du concile de Vatican II, convoqué par le pape Jean XXIII et conclu par le pape Paul VI, n'est pas encore véritablement accueillie par toutes les communautés catholiques, ni, là où elle l'est, toujours vécue dans l'enthousiasme. Un protestant, quant à lui, s'il ne pouvait adhérer à l'usage du latin pour le culte, n'en reste pas moins très étonné par un changement si brutal et de fait obligatoire. Pourquoi, en effet, ne pas avoir alors proposé d'emblée deux pratiques différentes possibles ? La reconnaissance d'un pluralisme aurait probablement porté alors à son comble le reproche d'une protestantisation du catholicisme et contredit son caractère centralisé. Il faut admettre qu'il y a là, en effet, deux logiques très différentes, avec leur légitimité propre et leurs cohérences respectives.

Du côté protestant, apparaît une tension hautement significative : le protestantisme fait preuve d'un souci évident de retour aux sources, plus particulièrement bibliques et, simultanément, d'un fort souci d'actualisation. Ce regard orienté à la fois vers l'amont unique (la Bible) de sa foi et vers l'aval diversifié de ses actualisations dit quelque chose de tout à fait fondamental au sujet de la vie protestante. En amont, avec la Bible, on évite une anarchie incontrôlée. En aval, avec le pluralisme, on récuse la sclérose pétrifiante.

Le protestantisme a défendu la règle et la pratique démocratique, avec lesquelles l'exercice du sacerdoce universel l'avait depuis longtemps familiarisé. Il y avait trouvé en fait une véritable initiation à cette forme de gouvernement. Cependant, la pratique interne de la démocratie ne doit pas signifier seulement le respect de la majorité, mais bien d'abord, et surtout, celui des minorités. La pluralité protestante trouve de nouveau ici un terrain privilégié. Si le protestantisme a souvent été identifié à une religion de tolérance et d'ouverture, cela est largement dû à sa volonté de pluralité et à son attachement à la liberté.

Le caractère minoritaire du protestantisme français, qui représente environ 1,5 % de la population en France, a uni indissolublement son destin à un respect des minorités, y trouvant en quelque sorte un plaidoyer *pro domo* bien légitime et faisant ainsi de lui un allié objectif de la tolérance. Dans ce sens, l'existence protestante est inséparable de son essence. L'histoire du protestantisme français, si longtemps confondue avec celle des persécutions dont il a été la victime, au point de le faire presque disparaître dans ce pays, a cimenté plus fortement en lui ce sens du pluralisme, ce respect des minorités et son esprit de tolérance. Pendant plus de la moitié de son existence, du XVIe siècle au XVIIIe siècle, le protestantisme français a vécu quasiment sans cesse dans la tourmente des persécutions ou la crainte de ces dernières.

Un dernier trait doit encore être relevé. Qui dit pluralité, et d'ailleurs aussi minorité, dit inévitablement précarité. La tentation d'un certain individualisme protestant qui résulte de son combat pour la liberté de conscience, l'éparpillement du protestantisme qui menace ses Églises et institutions, la mobilité de son culte sont les principales raisons de cette précarité. On pourrait encore parler de cette impossibilité d'une représentativité unique d'un protestantisme pluriel; le pape, pour le catholicisme, est à cet égard un atout difficilement contestable. Grâce à lui, le catholicisme peut en effet parler d'une seule voix et être clairement entendu par les médias. Le déficit d'unité extérieure du protestantisme représente ainsi pour lui un obstacle quasi insurmontable pour se faire entendre dans les médias, surtout à la télévision. Qui l'y représente vraiment? Quand on sait combien l'information journalistique télévisuelle a besoin de symboles forts, d'images claires, de paroles chocs, on se doute que la pluralité du protestantisme, ajoutée en France à son caractère minoritaire, le rend insaisissable pour ne pas dire invisible.

La précarité protestante peut être regardée comme un défaut. Cela est certain du point de vue sociologique. Mais elle peut aussi être considérée sous un angle spirituel, infiniment plus positif. En renvoyant en effet le croyant et chaque croyant à la souveraineté et à la transcendance de Dieu, le protestantisme a lié sa conception de l'Église et des Églises à l'idée de la fragilité de la condition humaine. Cette dernière pourrait bien n'être finalement que l'ombre portée de l'attachement protestant à la seule gloire de Dieu. Lorsque l'on confesse la faiblesse et la faillibilité des hommes et des Églises, on ne peut pas construire et structurer ces dernières comme des châteaux forts inébranlables et voués à une éternité qui n'appartient qu'à Dieu.

Après avoir mis en relief ce lien indissoluble unissant, dans le protestantisme, les notions de pluralité, de précarité et de liberté, on saisira mieux le sens de la réponse fameuse du philosophe Leibniz (1646-1716) à Bossuet (1627-1704), l'évêque de Meaux, qui dénonçait « les variations des Églises protestantes » : « Il nous plaît, Monseigneur, d'être de cette Église toujours mouvante et variable. » Ainsi cette Église est-elle toujours à réformer par fidélité à la Bible.

La liberté

Évangile et liberté, voici un slogan typiquement protestant. Pourvu que le principe matériel du salut par la seule grâce de Dieu, sans le secours de nos œuvres ou notre collaboration, soit intégralement sauvegardé, peu importe le reste, pour un protestant. Cette hiérarchie des valeurs renverse beaucoup de données jugées parfois primordiales. Cet état d'esprit ressort clairement d'une lettre que Luther écrit à Wittenberg le 4 décembre 1539, de manière assez amusante, et qu'il envoie au pasteur Georg Buchholzer à Berlin ; celui-ci l'avait interrogé au sujet, entre autres, d'une procession qui se déroulait autour du cimetière. Cette coutume était exigée par les autorités civiles représentées par le prince-électeur, le margrave (titre de certains princes souverains d'Allemagne).

Luther écrit alors : « Si votre Seigneur, le Margrave et Prince-Électeur veut laisser prêcher l'Évangile de Jésus-Christ purement et clairement, sans addition humaine, et laisser administrer les deux sacrements du baptême et du corps et du sang de Jésus-Christ conformément à leur institution ; s'il veut laisser tomber l'invocation des saints, qui ne doivent être ni des sauveurs, ni des médiateurs, ni des intercesseurs ; [...] processionnez donc, au nom de Dieu, et portez une croix d'argent ou d'or et une chape de velours, de soie ou de lin. Et, s'il ne suffit pas à votre Seigneur, le Prince-Électeur, que vous portiez une chape, revêtez-en trois ; [...] et si une seule procession ne suffit pas à Sa Grâce Électorale, s'il ne lui suffit pas que vous fassiez une fois en chantant le tour du cimetière, faites-en sept fois le tour, de même que Josué et les enfants d'Israël firent sept fois le tour de Jéricho en poussant des cris de guerre et en soufflant dans des trompettes. [*Cf.* dans la Bible, Josué VI.] Et si cela fait plaisir à votre Seigneur le Margrave, que Sa Grâce Électorale saute et danse devant la procession au son des harpes, des timbales et des clochettes, comme le fit David devant l'arche de l'Éternel, lorsqu'elle fut amenée à Jérusalem [*Cf.* dans la Bible II, Samuel VI.], je ne vois à cela aucun inconvénient : car de telles choses, pourvu qu'elles ne soient pas entachées d'abus, ne donnent ou n'enlèvent absolument rien à l'Évangile. Mais qu'on n'en fasse pas une nécessité pour le salut, et qu'on ne lie pas la conscience avec cela. Et si je pouvais obtenir un pareil résultat avec le Pape et les papistes [c'est-à-dire les catholiques], combien je remercierais Dieu et combien je serais joyeux! »

Luther insiste sur une seule chose : le refus d'une addition humaine à l'Évangile, c'est-à-dire l'idée qu'on puisse voir dans telle ou telle de nos œuvres une nécessité pour le salut.

Cet esprit de liberté contraste avec le système d'autorité représenté par Rome dans l'Église catholique. Cette dernière connaît une organisation pyramidale, monarchique et hiérarchique qui, du pape aux évêques (il est le premier d'entre eux), descend en s'élargissant vers les prêtres nettement distincts, par leur ordination, du peuple des laïcs. Le sacerdoce universel implique, dans le protestantisme, la mise en cause de cette partition et de cette séparation existant entre les clercs et les laïcs.

Le pasteur et le fidèle partagent en effet le même état. C'est la raison pour laquelle le pasteur peut se marier. Le simple fidèle dans le monde n'obéit pas à des exigences morales différentes et moindres par rapport au pasteur. Le mariage est revalorisé par le protestantisme, dans la mesure où le célibat et une vie monacale hors du monde ne constituent plus, par leurs renoncements, une voie pour accéder au salut et, surtout, une voie supérieure. Il n'y a pas de différence essentielle entre le fidèle baptisé et le pasteur consacré. Le ministère particulier du pasteur, le plus souvent marié, ne lui confère aucun état spécifique, mais une fonction reconnue par son Église et qu'il exerce grâce à sa formation. Avant d'accéder au pastorat, le futur pasteur apprend son métier comme tout autre en faisant pendant environ cinq ans des études de type universitaire qui le conduisent à une maîtrise en théologie indispensable. Le seul argument pratique en faveur du célibat des prêtres est celui d'une disponibilité que des responsabilités conjugales et parentales peuvent contrarier. Cela dit, le mariage des pasteurs les rend infiniment plus proches de celles et ceux qui vivent la famille avec toutes les joies et les peines qu'elle apporte.

Le geste de Luther quittant son couvent pour se marier a, dans l'histoire du protestantisme, toute la force d'un symbole. Il a signifié, plus et mieux que tout discours, la vérité pratique et existentielle du sacerdoce universel. En outre, le pasteur, homme ou femme, ne jouit d'aucun pouvoir d'ordre religieux; il est le serviteur de la Parole de Dieu avant d'être le ministre d'une Église. Quand le protestantisme comporte des évêques ou inspecteurs ecclésiastiques (chez les luthériens, par exemple), des présidents d'Église, leur autorité n'est que fonctionnelle et de l'ordre de la représentation; leur mandat est de toute façon limité dans le temps. Certes, le culte, la cène et les actes pastoraux (baptême, confirmation, bénédiction nuptiale, service funèbre) sont de fait présidés et célébrés par un pasteur, dont ils constituent une tâche propre à son ministère. Mais le sacerdoce universel bien compris ne confère en la matière au pasteur aucun pouvoir particulier. Ces cérémonies et rites peuvent, par conséquent, être célébrés par des fidèles. Cela dit, chaque Église réglemente de manière précise, et pour le bon ordre des choses, les conditions de la délégation pastorale accordée alors à celles et ceux qui, en l'absence du pasteur, assument une telle responsabilité. Cette différence considérable et même essentielle entre la conception catholique du prêtre et la figure du pasteur protestant demeure, on s'en doute, une pierre d'achoppement très lourde dans le dialogue œcuménique entre catholiques et protestants. Notons ici que les prêtres orthodoxes peuvent se marier. On remarquera aussi que si le protestantisme est à bien des égards une religion sans clergé, il en va de même dans l'islam. On a souvent rapproché les religions protestante et musulmane sur ce point. Le statut des rabbins, dans le judaïsme, peut lui aussi être rapproché de celui des pasteurs.

Le pouvoir, dans les Églises protestantes, est toujours entre les mains d'assemblées et d'instances collégiales. Cela est vrai dans le cadre d'Églises dites congrégationalistes*, c'est-à-dire pour lesquelles c'est l'assemblée locale de la paroisse (congrégation) qui constitue l'Église, de manière autonome, sans dépendre d'une autorité extérieure ou d'une autre institution à un échelon supérieur. Cela est vrai aussi dans le système dit presbytérien-synodal : l'Église y est gouvernée à l'échelon local par un conseil d'anciens (l'adjectif presbytéral vient d'un terme grec désignant les « anciens ») et, à l'échelon régional et national, par les délégués des paroisses (fidèles et pasteurs) constituant des synodes* (assemblées). Quand on parle d'Églises presbytériennes*, c'est à ce système anglo-saxon qu'on se réfère; il est identique à celui des Églises réformées, comme on le dit en Europe continentale. Dans de telles structures, les évêques ou présidents d'Église sont élus par les synodes et subordonnés à ces assemblées ayant seules un véritable pouvoir. Les Églises protestantes relativisent par conséquent le pouvoir de leurs pasteurs. Le protestantisme garde d'ailleurs une méfiance congénitale envers toute personnalisation du pouvoir et tout cléricalisme. Les fidèles sont ainsi associés à la vie et au gouvernement de leur Église, où les décisions sont prises par des votes où aucune voix, fût-ce celle d'un évêque ou d'un président d'Église, n'a plus de pouvoir qu'une autre.

Alors que le système catholique est pyramidal et centralisé, l'autorité partant du pape pour descendre, *via* les évêques, vers la base constituée par les prêtres, le système protestant presbytérien-synodal est ascendant; il part de la base. De plus, cette base n'est pas celle des prêtres, comme dans le catholicisme, mais bien celle de tous, pasteurs et fidèles.

Le sacerdoce universel ne fut pas, dès ses origines, fondé sur la démocratie. Il a peu à peu engendré dans les différentes familles du protestantisme une structure et un fonctionnement démocratiques. Cela ne lui a certes pas été donné d'un coup et a connu bien des heurts, bien des exceptions, et a mis du temps à porter tous ses fruits. Mais l'esprit de la démocratie se trouvait, essentiellement, en germe dans la réalité d'un sacerdoce universel reconnu par toutes les branches du protestantisme. Il a ainsi progressivement façonné non seulement son visage, mais aussi ses méthodes et, surtout, son état d'esprit.

Le fait que les pasteurs n'aient pas un pouvoir religieux particulier, d'une part, et que les décisions concernant toute la vie ecclésiastique soient prises par le vote d'assemblées plurielles et régulièrement élues, d'autre part, a donné une réelle liberté de recherche, tant doctrinale que morale, à ses penseurs et théologiens. Le sens de la responsabilité personnelle et de la liberté de conscience individuelle devant Dieu n'a fait que l'accentuer. Le protestantisme n'a pas connu d'index* ni ne connaît de *nihil obstat** ni d'*imprimatur**. Il n'existe pas aujourd'hui d'affaires, telles celles qui ont hélas défrayé la chronique (songeons à Pohier, Kung, Drewermann, Gaillot...), ayant conduit à interdire à tel professeur ou pasteur d'enseigner, de prendre la parole en public, d'exercer sa charge. Les protestants ont d'ailleurs de la peine à comprendre ces procédures, inquisitoriales et parfois secrètes, exprimées par une Église, dont le pape lutte pour les droits de l'homme dans le monde, mais non pas pour la démocratie en son propre sein. Cela leur paraît représenter une contradiction insoutenable. La réflexion théologique multiple, dans le protestantisme, s'est développée dans la liberté, même si cette recherche a pu susciter des débats contradictoires très véhéments. Une seule limite demeure, bien entendu, celle qu'apportent les principes matériel et formel du protestantisme. Leur vérité n'est pas qu'un point parmi d'autres; elle conditionne et transforme tout le reste : la foi, la Bible, l'Église (son culte, ses sacrements et ses ministères).

Il ne faut cependant pas donner du protestantisme une image idyllique et angélique. Les anabaptistes*, par exemple, furent rejetés, persécutés, contraints à l'exil et condamnés à mort par la Réforme. A Zurich, on les noyait, les punissant, disait-on, par là où ils avaient péché (l'eau… du baptême). L'exemple le plus connu d'une exécution scandaleuse est celui de Michel Servet (1511-1553). Son drame reste une tache noire dans l'histoire du protestantisme. Contestataire de la doctrine de la Trinité (affirmant un Dieu unique, mais en trois personnes : le Père, le Fils et le Saint-Esprit), Servet, adversaire de la pensée de Calvin, notamment de la doctrine de la prédestination, fut arrêté à Genève et condamné au bûcher. Les protestants ont érigé un monument à Champel, près de Genève, sur la place où mourut Servet avec l'inscrition suivante : « Fils respectueux et reconnaissants de Calvin notre grand Réformateur, mais condamnant une erreur qui fut celle de son siècle et fermement attachés à la liberté de conscience selon les vrais principes de la Réformation et de l'Évangile, nous avons élevé ce monument expiatoire le 27 octobre 1903. » Le procès pour hérésie de Michel Servet souleva de très nombreuses protestations, dont celle du Réformateur et humaniste Sébastien Castellion (v. 1515-1563), adepte de la tolérance. Excuser un crime par les erreurs d'une époque n'empêchera pas de penser que l'on ne combat pas des idées en supprimant ceux qui les défendent.

Les protestants sont généralement des partisans de la séparation des Églises et de l'État, dont la loi a été votée en France le 9 décembre 1905. Tant que l'État reconnaît une religion ou une Église, la grande idée protestante de la pluralité est battue en brèche. La liberté de conscience et la liberté religieuse, y compris celle de ne se réclamer d'aucun culte, sont incompatibles avec la réalité d'un État lié à une seule croyance et la favorisant au détriment des autres. On sait que dans le Bas-Rhin et le Haut-Rhin (Alsace), ainsi qu'en Moselle, cette séparation n'existe pas, ce régime spécifique étant dû au fait que ces trois départements, redevenus français après la guerre de 14-18, ont gardé le statut qui était le leur précédemment, la loi de 1905 ayant été votée du temps de leur annexion par l'Allemagne. Mais les cultes reconnus ne sont pas ceux d'une seule Église ou d'une seule religion, puisqu'il s'agit des catholiques, des luthériens, des réformés et des israélites. Les autres religions, notamment l'islam, sont de fait séparées de l'État.

L'esprit du protestantisme peut être aujourd'hui défini par l'idée selon laquelle là où l'erreur n'est pas libre, la vérité ne l'est pas non plus. Dans une telle perspective, le contraire de la vérité n'est pas l'erreur, mais bien le fait d'imposer la vérité. C'est dire qu'il nous paraît excessif de vouloir identifier le protestantisme à telle ou telle position d'ouverture en matière doctrinale, morale ou sociale. Là n'est pas exactement son identité. Même si une majorité se dessine, sur une question dogmatique, éthique ou même politique, elle se veut respectueuse de la liberté de conscience de chacune et de chacun. La minorité ne doit faire l'objet d'aucune condamnation et d'aucune exclusion; elle a droit à la parole et garde son entière liberté d'expression. Selon la formule, devenue classique, d'un penseur protestant suisse du XIXe siècle : « La vérité, sans la recherche de la vérité, n'est que la moitié de la vérité. »

La simplicité

La simplicité du protestantisme, des protestantes et des protestants est presque proverbiale. On a généralement du protestant une image austère et grave, à l'apparence extérieure un peu raide, sans fards, et aux vêtements de couleurs tristes et sombres. Cette caricature qui, comme toute caricature, a sa part de vérité, fait ressortir un élément vrai : le refus de l'artifice et du clinquant. Cette vertu, en réalité, dit, pour le protestant, quelque chose de juste sur sa haine du mensonge

Nature morte avec Bible ouverte.
Peintre protestant, fils de pasteur, Van Gogh exerça un certain temps un ministère d'évangéliste. Cette œuvre d'un grand dépouillement est chargée de symboles : importance de la Bible ouverte et donc lue, chandelier traduisant la clarté rayonnante des Écritures. Le livre fermé posé près de la Bible est un ouvrage d'Émile Zola : La Joie de vivre*! Ce rapprochement dit-il la rencontre de la Bible et de la culture, l'inscription des Écritures dans toute notre vie?*
Ph. © Edimedia.

et sa passion de la vérité, sur son éloge fréquent de la sincérité, de l'honnêteté intellectuelle et morale. Tout cela exprime une recherche de l'authenticité. Chaque protestant pourrait faire siens ces mots d'André Gide (1869-1951), écrivain bien protestant à cet égard lorsqu'il déclare : « Je préfère être haï qu'aimé pour ce que je ne suis pas. » Nous parlons d'une recherche, parce qu'il serait totalement faux de confondre ces différents traits avec une espèce de retour à l'état naturel. La vérité est coûteuse, elle se conquiert et n'est pas donnée. Si notre manière d'être correspond à ce que nous sommes, à travers notre vie et notre pensée, alors cette vérité est exigeante dans notre conduite et nos comportements, comme dans notre réflexion théologique. La grande idée qui domine tout le protestantisme, à savoir que nous n'avons aucun accès par nous-mêmes au salut et à Dieu, est le contraire d'une évidence. A bien des égards, la théologie protestante radicalise, jusqu'à en faire une pure foi, la vérité selon laquelle je ne peux pas connaître Dieu par ma raison, ni par la nature et par l'histoire. Cette acceptation sans concession de la Révélation est à l'opposé de toute théologie précisément naturelle, laquelle estime qu'il est possible, naturellement, de rencontrer Dieu, c'est-à-dire en dehors de sa stricte Révélation et de la foi.

Cette quête de la pure vérité, qui caractérise la spiritualité protestante nourrie de la Bible, conduit le croyant à un certain dépouillement, une ascèse, non méritoire, bien entendu. Ce dépouillement se remarque aussi bien dans ses temples sans décoration que dans ses cultes, surtout réformés, sans décorum. Il n'y a pas grand-chose à regarder, parce que tout doit se concentrer sur la seule prédication de la Parole de Dieu et rien ne doit nous détourner par conséquent de ce centre infiniment spirituel et essentiel. Le sacré n'est jamais là; il est au-delà et en Dieu seul. Le temple et le culte protestants n'ont pas à se parer d'ornements illusoires et superflus; leur dénuement renvoie en effet à la seule gloire qui soit, celle de Dieu.

La précarité protestante trouve dans le provisoire une part de son incarnation. Les temples ne sont pas faits pour durer. L'espace matériel et spirituel protestant, dans le culte et dans l'Église, n'est entravé ni par des œuvres humaines ni par le sentiment encombrant d'un salut à gagner et à mériter. Le croyant n'a rien à faire valoir devant Dieu que son attente et reçoit tout de sa grandeur et de sa bonté. Dans un culte trop brillant, le protestant flaire quelque chose de frelaté et, surtout, une vanité toujours possible. « A Dieu seul la gloire! »

Dans l'esprit protestant, la richesse de l'Église – et des églises – est de trop. Ne manifeste-t-elle pas une infidélité choquante face à la Croix de Jésus? Sa vie et sa mort nous disent bien que la vraie richesse est ailleurs. Si les protestants d'aujourd'hui ont tant aimé la figure de cet archevêque de Paris que fut le cardinal Marty, n'est-ce pas parce que, à sa retraite, il demanda comme cadeau une 2 CV Citroën et non pas une limousine? Cet exemple était pour eux le symbole d'une simplicité évangélique.

Le souci de simplicité marque aussi la pensée théologique protestante. Elle se caractérise par une volonté d'aller à l'essentiel, c'est-à-dire à la source biblique, de retrouver l'évidence de l'Évangile dans sa pureté, de le dégager de certaines scories et additions, qui lui sont contraires et extérieures. La Réforme s'est ainsi voulue l'adversaire de la conjonction « et » : elle a dit simplement (même si ce n'était pas si simple) la foi, Jésus, la Bible, là où le catholicisme disait la foi *et* les œuvres, Jésus *et* Marie ou les saints, la Bible *et* l'Église. Le christianisme, dans sa vérité authentique, souffrait, selon le protestantisme, d'un excédent de bagages. Le protestantisme a voulu retrouver ainsi l'essence du christianisme.

Géographie du salut et histoire du salut : vers une complémentarité

Le protestantisme, sans nier la réalité de l'Église visible, insiste sur une Église invisible. Il voit dans l'Église un événement de la Parole de Dieu et non pas d'abord une institution humaine que privilégie une visée catholique. L'événement appartient au temps et l'institution s'inscrit dans l'espace. Cette polarité du temps et de l'espace définit une bonne part des accentuations différentes de ces deux confessions.

Du côté de l'institution, de l'espace et donc de l'Église catholique, on peut souligner l'importance accordée à ce qui est stable et fixe : les églises comme bâtiments, où réside une présence divine dans les espèces eucharistiques; l'autel, le tabernacle qui contient le ciboire avec les hosties consacrées pour la communion, voire l'adoration, des fidèles; des statues et images, des reliques souvent. Du côté de l'événement, du temps et donc des Églises protestantes, on ne trouvera rien de semblable. Le petit livre mordant de Calvin, *Traité des reliques*, paru en 1543, est à ce sujet plein d'enseignement. La parole, comme la musique, s'envolent, d'où leur importance dans le culte protestant pour lequel Dieu nous échappe et ne peut être lié à aucun lieu ni à aucun objet sacré. D'un côté, aller à l'église, c'est se rendre dans un bâtiment pour y pratiquer des dévotions individuelles ou pour participer à la messe; de l'autre, c'est aller à une assemblée provisoire, d'où le fait que, dès le XVIe siècle, les temples furent fermés en dehors des cultes.

Les célébrations catholiques sont plus visuelles que les protestantes, ces dernières insistent davantage sur ce qui est de l'ordre de l'ouïe. Un culte protestant ne passe pas bien à la télévision. Une messe catholique perd une part essentielle de sa réalité à la radio. Du côté de la vue, on rencontre la gestion d'un espace, et du côté de l'ouïe, celle du temps.

L'usage des couleurs liturgiques est très significatif à ce sujet. On appelle ainsi les couleurs des différents tissus des églises (autel, chaire, lutrin) ou des vêtements sacerdotaux : blanc, or, rouge et violet et vert; elles changent en fonction des différents temps de l'année marqués par ses fêtes : Noël, Pâques, Pentecôte, par exemple. Ces couleurs se sont peu à peu imposées depuis le Moyen Age; elles sont très nettement codifiées dans l'Église catholique, ce qui n'a jamais été vraiment le cas dans les Églises protestantes, surtout réformées. Le protestantisme suit bien dans la célébration de ses cultes le calendrier des grandes fêtes chrétiennes, mais il ne l'illustre pas par ces couleurs symboliques. On constate, avec cet exemple précis, que dans le culte protestant, une fois encore, prime le temps (un calendrier de fêtes) et non pas l'espace (les couleurs liturgiques). Les temples, le plus souvent, n'ont pas de vitraux, mais de simples verrières. Un usage réformé très répandu veut que le Décalogue avec les dix commandements donnés par Dieu à Moïse soit représenté dans les temples. On peut voir de telles « images » dans bien des temples protestants. Images ? Pas exactement, puisqu'il s'agit d'un texte formé de paroles de Dieu. Or, chose très importante, le commandement qui suit le premier (« Tu n'auras pas d'autre Dieu devant ma face »), où l'on trouve une source décisive du « A Dieu seul la gloire ! », est un commandement où Dieu interdit les idoles et le culte des images ! Sur les murs de ses temples figure un précepte divin prohibant les images et leur vénération ! La figuration n'est là que pour proclamer le danger de toute représentation de Dieu. Si les peintures murales n'existent quasiment pas dans les temples, on y rencontre souvent la reproduction de tel ou tel passage, de telle ou telle phrase de la Bible, montrant ainsi à tous l'attachement protestant à la Parole de Dieu.

La réalité du catholicisme est inséparable de celle de Rome, de la basilique Saint-Pierre, de l'État du Vatican, de toutes les grandes cathédrales, et de la pratique des pèlerinages, des processions, et des chemins de croix. Les protestants, eux, ont toujours été opposés à de telles pratiques.

Pour les protestants, la Bible est le seul lieu qui les rassemble véritablement. Mais n'est-ce pas là sacraliser les Écritures ? L'usage consistant à poser sur la table de communion une Bible, importante par sa taille et son ancienneté, n'est-il pas sujet à caution? Certes, on voit là, de manière symbolique, ce que représente dans le culte la proclamation d'une Parole à la fois audible (prédication) et visible (sacrement), mais une Bible que personne ne lit jamais, qui reste là immobile tel un monument et que l'on se contente de regarder sans la lire et l'entendre, correspond-elle vraiment à une religion de la Parole? Quand les protestants mettent une croix dans un temple (usage récent datant du XIXe siècle), ce n'est précisément pas, le plus souvent, un crucifix; ils expriment ainsi avec une croix nue une réalité christique qui nous échappe et qu'aucune image ne saurait ni saisir ni emprisonner.

Les seuls éléments vraiment fixes des temples sont les bancs. Ils font partie de ce mobilier d'église si peu… mobile. On ne s'est assis dans les églises catholiques qu'à partir du XIXe siècle. Or, de très anciennes gravures du XVIe siècle nous montrent déjà des cultes protestants où les auditeurs sont assis sur des bancs, d'ailleurs très rudimentaires et le plus souvent sans

La cathédrale de verre à Los Angeles.
Ce temple exprime de manière évidente quelques données fondamentales du culte protestant : importance de la musique (orgues gigantesques) et du chant d'assemblée (avec en plus une chorale sur l'estrade) ; refus des images (verrières et non vitraux) ; clarté d'une église et intelligibilité pour tous de la célébration. Bâtie en 1980, cette cathédrale peut accueillir jusqu'à trois mille six cents personnes.
Ph. © G. Hall / Cosmos.

dossiers. En effet, le banc, qui appartient à la visibilité si restreinte du culte protestant, en exprime le caractère fondamentalement audible : il est là pour favoriser l'écoute de la Parole de Dieu.

En revanche, la table de communion, autour de laquelle on se rassemble pour célébrer la cène, est un des éléments permanents du culte et des églises protestantes. On la trouve en effet dans tous les temples. Mais on ne saurait oublier que cette coutume a connu des résistances, signifiant clairement la méfiance protestante devant tout ce qui, dans le culte, est de l'ordre de l'espace et de l'institution, et non pas d'une temporalité événementielle et passagère. On trouve ainsi, dès le XVIe siècle, un usage réformé refusant les tables fixes. On ne dressait alors la table pour la cène que le dimanche où elle avait lieu; elle ne l'était et ne l'est toujours pas en effet à chaque culte. Cet usage a existé longtemps, aussi bien en France qu'aux Pays-Bas et en Écosse. Dans le temple de l'Oratoire du Louvre, rue Saint-Honoré à Paris, l'habitude est toujours en vigueur : on dresse une grande table autour de laquelle, par groupes successifs, on vient participer à la cène. Le sacrement, si facilement marqué par une localisation et une objectivation du Dieu de Jésus-Christ, retrouve ainsi son caractère éphémère, temporel et événementiel, échappant à la fixité de l'espace, des lieux et des choses.

La comparaison à laquelle nous venons de procéder est de fait très instructive. Quand le catholicisme dit l'Incarnation, il voit avec elle la vérité d'un Dieu qui s'est lié à des hommes et à des choses, qui, en

Jésus, a cheminé à nos côtés, et qui continue à nous rencontrer de la même manière. Les espaces, les choses et les personnes sacrées et consacrées y ont une place immense. Le sacrement de l'eucharistie exprime et apporte cette présence de Dieu par excellence. C'est le prêtre qui nous met en communication avec le Dieu de Jésus-Christ. Quand le protestantisme parle de l'Incarnation, il pense davantage à une histoire, dans laquelle a retenti et continue de retentir, insaisissable, à la fois éphémère et éternelle, la Parole prophétique de Dieu. Il désacralise d'ailleurs le temps, l'espace et les personnes (sacerdoce universel) et proclame un Dieu dans toute sa transcendance. En Dieu seul réside le sacré, le divin. Aucune chose ne peut le contenir, le localiser, l'exprimer et, encore moins, le provoquer. Cette présence toute spirituelle est liée à un événement, à un acte de l'Esprit de Dieu et non pas à une institution ecclésiastique.

Mais, paradoxalement, l'opposition entre géographie du salut et histoire du salut constitue un lien nécessaire. Simplement, les accents sont différents. Des catholiques et des protestants cherchent alors un meilleur équilibre entre ces deux faces solidaires d'une même médaille. Le théologien américain, d'origine allemande, Paul Tillich (1886-1965), a vu dans cette dualité ce qu'il appelle la « substance catholique » et le « principe protestant ».

L'excès protestant va triompher parfois dans une religion désincarnée et évanescente, exclusivement intérieure et cérébrale, très personnelle et abstraite. Mais spiritualiser n'est pas volatiliser. Jésus n'est pas

Assemblée du « Désert ». *Ce rassemblement, qui a lieu le premier dimanche de septembre au mas Soubeyran dans le Gard, où se trouve le plus ancien musée protestant français, est centré sur le culte et réunit de quinze mille à vingt-cinq mille participants. On voit ici le pasteur en robe avec la Bible ouverte. Cette célébration et ce lieu se veulent temps et espace de mémoire, retour aux racines, expression d'une identité marquée par les persécutions, proclamation fidèle de la Parole de Dieu.*
Ph. © F. Marc-Antoine / CIRIC.

un « ectoplasme », et l'iconoclasme, qui refusa le culte des images saintes, voire les détruisit, correspond à une vérité protestante. L'excès catholique serait, par sa compréhension de l'Incarnation, de vouloir localiser Dieu et le maîtriser dans une sacralisation où d'aucuns dénonceront une superstition et de l'idolâtrie.

Pourtant, le catholicisme et le protestantisme ne sont-ils pas complémentaires ? Sans nier leurs oppositions, qui ne sont pas nécessairement regrettables, mais en évitant des abus et la perte des spécificités de chacun, n'est-il pas possible de parler de complémentarité ? Il ne s'agirait plus d'arrondir les angles, de rechercher des consensus parfois approximatifs ou des compromis qui affadissent leurs messages respectifs. Ce que nous appelons la géographie du salut ne saurait exister sans l'histoire du salut ; et cette dernière ne peut être elle-même en plénitude sans une prise en compte de l'espace. Souligner cette polarité, cette tension et cette complémentarité, les vivre, n'est-ce pas là une vocation possible pour l'œcuménisme ? Il ne s'agira plus alors de vouloir s'accorder vainement sur des points de doctrine inconciliables. Il ne s'agira plus de faire jouer au salut par la grâce seule le même rôle dans les systèmes respectifs du protestantisme et du catholicisme. Il ne s'agira plus de demander à l'un ou à l'autre de se faire hara-kiri en admettant pour lui-même l'identité et la spécificité de l'autre. Il s'agira de définir ensemble, et avec d'autres, les contours d'un christianisme pluriel et sans exclusion, riche de ses oppositions stimulantes et fier de sa diversité. Ces oppositions ne seront plus alors vécues comme un combat stérile, réducteur et interminable, mais dans le cadre d'une rencontre dynamique et d'un dialogue prometteur et créateur.

Annexes

Glossaire

Anabaptisme : le mouvement anabaptiste est né à Zurich au XVIe siècle ; les anabaptistes sont des chrétiens gagnés au protestantisme par le Réformateur Zwingli, mais qui considèrent qu'il n'allait pas assez loin sans la Réforme du christianisme d'alors. Ils appartiennent à ce que l'on appelle la Réforme radicale. Refusant toute forme de soumission au pouvoir politique, hostiles au baptême des enfants, ils rebaptisaient (ana-baptiste signifie « re-baptiseur », d'après une appellation donnée par leurs adversaires) les adultes reconnus dignes de faire partie de la communauté chrétienne. L'anabaptisme se manifesta aussi en Hollande et en Allemagne ; il connut un courant pacifiste et un courant violent. Les anabaptistes ont été réprimés et impitoyablement persécutés par les autorités catholiques et protestantes. Le mouvement de l'anabaptisme pacifique existe encore aujourd'hui sous le nom de « mennonites » (de Menno Simonsz, 1496-1561) présents dans une soixantaine de pays. En 1990, les Églises mennonites comptaient environ huit cent soixante mille membres adultes.

Catéchisme : livre contenant l'instruction religieuse des chrétiens. Ce mot provient d'un terme grec signifiant « faire retentir ». Le catéchisme désigne en effet aussi le cours où est dispensée cette instruction destinée aussi bien à des jeunes qu'à des adultes. Ceux qui suivent ces cours sont appelés catéchumènes. Les catéchismes de la Réforme publiés, par exemple, par Luther et Calvin, sont des grands classiques de la pensée protestante.

Cène : le dernier repas que Jésus prit avec ses disciples avant sa mort. La cène (du latin *cena*) désigne le repas du soir, le souper. Les chrétiens célèbrent cet événement dont Jésus, d'après le Nouveau Testament, demanda la répétition (« Faites ceci en mémoire de moi », Luc XXII, 19 et I Corinthiens XI, 24-25). Ce rite (appelé cène, communion ou eucharistie) a lieu au cours du culte. La cène est un sacrement, qui n'est pas nécessairement célébré au cours de chaque culte protestant, contrairement à la messe catholique dont il constitue le centre et le sommet.

Concile : assemblée d'évêques convoquée par le pape et décidant de questions doctrinales, morales, disciplinaires et ecclésiastiques. On appelle « œcuménique » (et non « régional ») un concile regroupant tous les évêques. Les quatre premiers conciles œcuméniques eurent lieu à Nicée (325), Constantinople (381), Éphèse (431) et Chalcédoine (451).

Confession de foi : texte concis résumant l'essentiel de la foi chrétienne; elle est lue par l'officiant ou récitée par toute l'assemblée au cours du culte. On l'appelle aussi credo (du latin « je crois ») ou symbole (du grec « résumé », « synthèse »). Elle désigne également, sous forme beaucoup plus développée, un ouvrage contenant l'ensemble des points de doctrine auxquels adhèrent les croyants de telle ou telle Église. *La Confession d'Augsbourg* (1530) exprime la foi et les doctrines protestantes luthériennes; la *Confession de La Rochelle*, rédigée en 1559 et adoptée en 1571, fait de même pour les réformés.

Confirmation : cérémonie où, chez les catholiques, l'évêque confirme le chrétien dans la grâce de son baptême et où, chez les protestants, les adultes confirment le baptême qu'ils ont reçu enfants. La confirmation est précédée d'une instruction religieuse. Elle est un sacrement chez les catholiques et non chez les protestants qui ne lui trouvent pas de clair fondement biblique.

Conversion personnelle : fait de passer (se convertir) d'une croyance que l'on abandonne à une autre que l'on considère comme la vérité et à laquelle on adhère désormais. On parle ainsi, par exemple, de la conversion de Paul, juif devenu chrétien sur le chemin de Damas, ou de la conversion d'Augustin adhérant au christianisme après avoir été manichéen. La conversion personnelle insiste sur le retentissement d'un tel changement dans notre existence tout entière. Une adhésion au Dieu de Jésus-Christ et à l'Évangile implique des conséquences dans notre vie spirituelle et morale, elle signifie de notre part une décision radicale.

Credo : voir Confession de foi.

Diète : assemblée politique dans certains pays d'Europe (Allemagne, Suède, Pologne, Suisse, Hongrie). Luther comparut et fut condamné à la diète de Worms, convoquée par l'empereur Charles Quint en 1521.

Églises congrégationalistes : Églises protestantes pour lesquelles l'assemblée locale des fidèles (la congrégation) constitue l'Église de manière autonome, c'est-à-dire sans dépendre pour ses décisions d'une autorité extérieure ou supérieure.

Églises presbytériennes : désigne, dans les pays anglo-saxons, les Églises protestantes « réformées » fonctionnant selon un système institué par Calvin et qui confère le gouvernement de l'Église (à l'échelon paroissial, régional ou national par exemple) à un conseil formé de fidèles et du/des pasteur(s). « Presbytérien » est de fait synonyme de réformé et calviniste.

Eucharistie : un des deux sacrements (protestantisme) ou des sept sacrements (catholicisme) qui commémore sous forme rituelle au cours du culte chrétien le dernier repas que Jésus prit avec ses disciples. Ce mot provient d'un terme grec désignant la prière d'action de grâces ou de reconnaissance qui ouvre ce repas. Les protestants disent le plus souvent cène ou communion en parlant de l'eucharistie.

Exégèse : ce terme provient d'un mot grec signifiant explication. L'exégèse biblique est ainsi le commentaire de la Bible, qu'il s'agisse de son étude d'un point de vue littéraire, historique, spirituel ou théologique. L'exégèse historico-critique s'applique, depuis le XVIIe siècle, à rechercher le contexte religieux, culturel, sociopolitique et géographique dans lequel ont été écrits les livres de la Bible, à retrouver l'histoire de leurs rédactions successives, à découvrir le sens que ces textes avaient pour la communauté dans laquelle et pour laquelle ils ont été produits ; elle s'interroge de manière critique sur l'authenticité des événements (actes et paroles) rapportés par les textes bibliques.

Faculté de théologie : établissement et institut de type universitaire dans lequel les futurs prêtres ou pasteurs font leurs études. On appelle « libre » toute Faculté (ou toute Église) séparée de l'État.

Herméneutique : art de comprendre et d'interpréter les textes, en particulier bibliques. Elle correspond, dans le champ de la théologie, à une discipline et à une technique des règles à suivre dans la recherche du sens exact et des significations possibles des Écritures, et cela en vue d'en dégager un message intelligible aujourd'hui. Luther, par exemple, a interprété toute la Bible à travers l'affirmation de la grâce seule offerte par Dieu en Jésus-Christ sans le secours de nos œuvres.

Imprimatur : permission d'imprimer un ouvrage donnée par l'autorité ecclésiastique catholique.
Incarnation : le fait qu'en Jésus Dieu s'est fait homme, s'est fait « chair », comme le signifie l'étymologie latine de ce mot. « La Parole est devenue chair et elle a habité parmi nous... » (Jean I, 14.)
Index : liste de livres interdits à la lecture par l'autorité pontificale.
Indulgence : pardon et rémission partielle ou totale par l'Église d'une peine temporelle que les péchés méritent. Luther s'éleva contre la pratique des indulgences, toujours en usage aujourd'hui, vendues à son époque à l'initiative du pape pour la reconstruction de la basilique Saint-Pierre de Rome. Luther afficha contre elles le 31 octobre 1517 ses « quatre-vingt-quinze thèses » à la porte de l'église du château de Wittenberg. C'est en souvenir de cet événement que la fête du protestantisme (Fête de la Réformation) est fixée le dernier dimanche d'octobre.

Liturgie : culte d'une Église et, plus particulièrement, les différents éléments et le déroulement de ce culte. Par extension, ce mot désigne aussi le(s) livre(s) contenant les textes correspondant à ces différentes parties du culte.

Nihil obstat : littéralement « rien n'empêche »; formule latine utilisée par la censure ecclésiastique catholique pour autoriser la publication d'un ouvrage théologique.

Œcuménisme : du grec signifiant « toute la terre habitée »; il désigne aujourd'hui, dans sa dimension universelle, le mouvement des chrétiens luttant, depuis la Première Guerre mondiale, pour l'unité des Églises, pour le dialogue, le rapprochement et l'union des différentes confessions chrétiennes.

Ordination : acte de bénédiction et d'imposition des mains par lequel un homme est consacré au service de l'Église et, plus particulièrement, pour un prêtre, rattaché définitivement au ministère sacerdotal. Ce rite est un sacrement de l'Église catholique et est célébré par l'évêque; il n'est pas un sacrement chez les protestants qui l'appellent, surtout chez les réformés, « consécration » pastorale.

Prédestination : doctrine selon laquelle Dieu a déterminé d'avance celles et ceux qui seront élus et sauvés ainsi de la perdition. Pour Calvin, qui reprend cette doctrine de saint Augustin, Dieu a choisi de toute éternité qui serait sauvé et perdu (double prédestination), sans que notre vie, nos actions et nos œuvres aient la moindre influence sur cette décision divine. Cette doctrine met en évidence la toute-puissance de Dieu et le salut par sa seule grâce.

Prédication : la prédication est un discours où le prêtre/pasteur commente un texte biblique pendant la messe/le culte. Elle est proclamation et actualisation de la Parole de Dieu et devient aussi interpellation. La prédication est un acte central du culte protestant. La Réforme a vu dans le sacrement lui-même une Parole visible. Le protestantisme a toujours accordé une place décisive à la formation des pasteurs en tant que prédicateurs. On a souvent opposé le catholicisme et le protestantisme, voyant dans le premier l'Église du sacrement et dans le second celle de la Parole.

Sacerdoce universel : affirmation essentielle de la Réforme, qui estime que tous les baptisés sont prêtres. Ainsi, la séparation entre clergé et fidèles est-elle abolie. La division entre les prêtres et les laïcs est ainsi abrogée. Il n'y a plus, dans une telle conception, d'intermédiaires obligés entre Dieu et les croyants dans leur lecture et leur interprétation de la Bible. Tout croyant baptisé a ainsi le même pouvoir à l'égard de la Bible que tout autre, fût-ce un prêtre, un évêque ou le pape.

Sacrement : rite chrétien célébré pendant le culte et institué par Jésus-Christ d'après le Nouveau Testament. Le protestantisme ne reconnaît que deux sacrements clairement institués : le baptême et la cène. Les catholiques en reconnaissent sept : le baptême, la cène ou eucharistie, l'ordination et la confirmation (conférées par l'évêque), l'extrême-onction ou sacrement des malades, la pénitence et le mariage.

Synode : assemblée des évêques chez les catholiques, de fidèles et de pasteurs délégués par leur Église à parité chez les protestants. Le synode désigne le véritable gouvernement des Églises et le pouvoir chez les protestants.

Théologie : du grec « science de Dieu », il s'agit de l'étude des questions religieuses. Les études de théologie comportent quatre grands domaines : biblique (avec l'hébreu et le grec), où l'on étudie la Bible (Ancien et Nouveau Testament) ; historique, où l'on étudie l'histoire du christianisme et des autres religions ; systématique, où l'on étudie la pensée et les grandes doctrines chrétiennes (dogmatique), la philosophie et l'éthique ; pratique, où l'on étudie les différents aspects de l'exercice du ministère pastoral et des autres ministères (diaconal, par exemple).

Transcendance : elle désigne Dieu à la fois absolu et inaccessible, que l'être humain ne peut ni dire ni définir, ni rencontrer par lui-même, Dieu en tant qu'il nous dépasse infiniment. L'idée de la transcendance divine est exprimée par la devise de Calvin (« A Dieu seul la gloire ! ») et par l'expression traditionnelle selon laquelle seul Dieu parle bien de Dieu (plus particulièrement en Jésus-Christ).

Vulgate : nom donné à la traduction latine de la Bible faite en grande partie par Jérôme (v. 347-420), adoptée comme version officielle de la Bible dans l'Église par le concile de Trente (1546-1547). La Réforme a procédé à la traduction de la Bible dans la langue de chaque peuple, et cela à partir des manuscrits écrits en hébreu (Ancien Testament) et en grec (Nouveau Testament) : 1521-1522, Luther traduit le Nouveau Testament en allemand; 1523, Lefèvre d'Étaples le traduit en français; 1534, fin de la traduction de la Bible par Luther (Ancien et Nouveau Testament).

Table des références

P. 9 : Rudolf Bultmann, *Foi et Compréhension*, t. II, Paris, Le Seuil, 1969, p. 16, 19, 20, 21.

P. 14 : Martin Luther, *Œuvres*, t.II, Genève, Labor et Fides, 1966, p. 316.

P.18 : Paul Tillich, *Le Courage d'être*, Paris, Castermann, 1967, ch. VI.

P. 18 : Martin Luther, *Œuvres*, t. II, *op. cit.*, p. 301.

P. 21 : Alexandre Vinet, *Essai sur la manifestation des convictions religieuses*, Paris, chez les Éditeurs rue de Rivoli, 1858, p. 216.

P. 36 : Karl Barth, *L'Église*, Genève, Labor et Fides, 1964, p. 114. (Il s'agit là d'un extrait d'une conférence datant de 1948.)

P. 65 : Martin Luther, *Œuvres*, t. IV, *op. cit.*, p. 209. (Dans ce texte, nous avons changé « captiver » en « rendre captive ».)

P. 65 : Jean Calvin cité par André Gounelle, « Le culte selon la tradition réformée », *Information–Évangélisation*, 1988/1, p. 10 (*Bulletin de l'Église réformée de France*, 47, rue de Clichy, 75009 Paris).

P. 70 : Martin Luther, *Œuvres*, t. VIII, *op. cit.*

P. 78 : Alexandre Vinet, *op. cit.*, p. 393.

P. 79 : Lettre à Sir Edmund Gosse, du 16 janvier 1927.

P. 89 : Voir à ce sujet : Paul Tillich, *Substance catholique et principe protestant*, Québec/Paris/Genève, Presses de l'université

Laval/Cerf/Genève, 1996. Qu'il soit dit clairement ici que l'auteur du présent livre sur *Le Protestantisme* a mis en œuvre la distinction entre histoire (protestantisme) et géographie (catholicisme) du salut longtemps avant d'avoir découvert la même idée chez Tillich, même si, bien entendu, la lecture de ce dernier l'a par la suite marqué, aussi bien dans l'idée que dans l'expression de cette problématique.

Bibliographie

Encyclopédie

Encyclopédie du protestantisme (sous la direction de Gisel, P.), Cerf-Labor et Fides, 1995. Cet ouvrage de mille sept cent dix pages comporte quarante-quatre dossiers et plus de mille trois cents rubriques signés, disposés selon l'ordre alphabétique et abondamment illustrés.

Textes fondamentaux

La Foi des Églises luthériennes. Confessions et cathéchismes, Cerf-Labor et Fides, 1991.

Confessions et catéchismes de la Réforme, Labor et Fides, 1986.

Sur la théologie protestante

Mehl, R., *La Théologie protestante*, PUF, coll. « Que sais-je ? » 1967.

Sur l'histoire du protestantisme en général

BAUBÉROT, J., *Histoire du protestantisme*, PUF, coll. « Que sais-je ? » 1987.

CHAUNU, P., *Le Temps des Réformes*, Fayard, 1975, rééd. Bruxelles, 1984.

CHRISTIN, O., *Les Réformes. Luther, Calvin et les protestants*, Gallimard, coll. « Découvertes » n° 237, 1995.

DELUMEAU, J., *Naissance et affirmation de la Réforme*, PUF, 1964, rééd. 1992.

LÉONARD, E., *Histoire du protestantisme*, 3 vol., PUF, 1963, rééd. coll. « Quadrige », 1988.

MOURIQUAND, J., *L'Europe des protestants de 1520 à nos jours*, Lattès, 1993.

STAUFFER, R., *La Réforme*, PUF, coll. « Que sais-je? » 1970, rééd. 1974.

Sur l'histoire du protestantisme français

BOST, C., *Histoire des protestants de France*, La Cause, 1924, éd. augmentée par Vassaux, P., 1992.

CARBONNIER-BURKARD, M. et CABANEL, P., *Une histoire des protestants en France*, Desclée de Brouwer, 1998.

Collectif, *Histoire des protestants en France*, Privat, 1977.

ENCREVÉ, A., *Les Protestants en France de 1800 à nos jours. Histoire d'une réintégration*, Stock, 1985.

JANTON, P., *Les Protestants français*, Brepols, 1995.

POTON, D., et CABANEL, P., *Les Protestants français du XVIe au XXe siècle*, Nathan, coll. « 128 », n° 80, 1994.

POUJOL, J. et DUBIED, H., *La France protestante*, éd. Max Chaleil, 1996.

Introductions au protestantisme et à ses principes

BAUBÉROT, J., et WILLAIME, J.-P., *Abc du protestantisme*, Labor et Fides, 1990.

BERTRAND, A.-N., *Protestantisme*, Je Sers, 1931, rééd. Labor et Fides, 1985.

Collectif, *Protestantisme : l'homme, le citoyen, la société*, Graphein, 1995.

CRUVELLIER, Y., *Pour Dieu, pour l'homme protester*, Les Bergers et les Mages, 1996.

DUMAS, A., *Protestants*, Les Bergers et les Mages, 1987.

GAGNEBIN, L., et GOUNELLE, A., *Le Protestantisme. Ce qu'il est. Ce qu'il n'est pas,* La Cause, 1995, 6e édition.

GILLIÉRON, B., *La Foi réformée*, Éditions du Moulin, 1986.

GOUNELLE, A., *Les Grands Principes du protestantisme*, Les Bergers et les Mages, 1986, rééd. 1994.

GOUNELLE, A., *Protestantisme*, Publisud, 1992.

LEPLAY, M., *Foi et Vie des protestants*, Desclée de Brouwer, 1996.

MARQUET, C., *Le Protestantisme*, Jacques Grancher, 1989.

MARQUET, C., *Les Protestants*, Milan, 1998.

RONCHI, S., *Protestantisme*, Mame, 1983.

Enquêtes et réflexions sur le protestantisme aujourd'hui

BAUBÉROT, J., *Le Retour des Huguenots*, Cerf-Labor et Fides, 1985.

BAUBÉROT, J., *Le Protestantisme doit-il mourir?* Le Seuil, 1988.

BIZEUL, Y., *L'Identité protestante*, Méridiens-Klincksieck, 1991.

Collectif, *Le Protestantisme, hier, demain*, Buchet-Chastel, 1974.

Collectif, *En compagnie de beaucoup d'autres. Guide théologique du protestantisme*, Les Bergers et les Mages, 1997.

KALTENBACH, J.-H., *Etre protestant en France aujourd'hui*, Hachette, 1997.

Collectif, *Le Protestantisme et son avenir*, Labor et Fides, 1998.

MEHL, R., *Le Protestantisme français dans la cité actuelle, 1945-1980*, Labor et Fides, 1982.

RICHARDOT, J.-P., *Le Peuple protestant français aujourd'hui*, Robert Laffont, 1980.

WILLAIME, J.-P., *La Précarité protestante. Sociologie du protestantisme contemporain*, Labor et Fides, 1992.

WILLAIME, J.-P. et CUSENIER, D., *Protestantisme*, Cerf, coll. « Histoire des religions », 1998.

Quelques repères chronologiques pour l'histoire du protestantisme

1054 : Schisme d'Orient; rupture entre l'Église orthodoxe et l'Église catholique d'Occident.

1177 : fondation de la Confrérie des pauvres de Lyon par Pierre Valdo (XIIe-XIIIe siècles). Insistant sur la pauvreté et sur la diffusion de la Bible, Valdo est considéré comme un préréformateur. Ses disciples, chassés de France, s'établissent dans les hautes vallées du Piémont, en Italie, appelées alors « vallées vaudoises ». Les Vaudois du Piémont se rallieront à la Réforme en 1532.

1415 : mort sur le bûcher de Jean Huss (1369-1415), préréformateur tchèque excommunié par le pape Alexandre V.

1483 : naissance de Martin Luther (Allemagne).

1484 : naissance d'Ulrich Zwingli (Suisse).

1505 : Luther entre au couvent des Augustins.

1509 : naissance de Jean Calvin (Noyon, France).

1512 : Luther est docteur en théologie et professeur d'exégèse biblique.

1512-1513 : Luther découvre dans l'Épître de Paul aux Romains l'idée du salut par la seule grâce de Dieu en Jésus-Christ.

1513-1518 : cours de Luther sur les Psaumes, les Épîtres de Paul aux Romains, aux Galates et sur l'Épître aux Hébreux.

1517 : affaire des indulgences.

31 octobre 1517 : Les « quatre-vingt-quinze thèses » de Luther.

1520 : Luther est excommunié. Publication par Luther de ses grands écrits réformateurs : *A la noblesse chrétienne de la nation allemande, La Captivité babylonienne de l'Église, Traité de la liberté chrétienne.*

1521 : Luther à la diète de Worms. Zwingli rompt avec l'Église catholique et se marie en 1522.

1521-1522 : séjour de Luther à la Wartburg et traduction en allemand du Nouveau Testament.

1522-1525 : réforme de Zurich sous la direction de Zwingli.

1523 : traduction française du Nouveau Testament par Jacques Lefèvre d'Étaples (1450-1537).

1525 : mariage de Luther. Zurich interdit la célébration de la messe.

1527 : synode anabaptiste de Schleitheim où est définie la théologie de l'anabaptisme suisse.

1529 : deuxième diète de Spire où les princes acquis à la Réforme refusent la soumission au pape et signent une protestation (« Nous protestons devant Dieu ») qui est à l'origine de l'appellation de protestantisme.

1530 : diète d'Augsbourg où est présentée la *Confession d'Augsbourg* rédigée par Mélanchthon (1497-1560) et qui exprime la foi et la doctrine protestantes luthériennes.

1531 : mort de Zwingli.

1533 : Henri VIII, roi d'Angleterre, rompt avec Rome.

1534 : fin de la traduction de la Bible par Luther. Excommunication d'Henri VIII.

1535 : début de la Réforme à Genève. Olivétan (v. 1505-1538) traduit la Bible en français.

1536 : parution en latin de l'*Institution de la religion chrétienne* de Calvin, le grand livre de la pensée protestante réformée. Premier séjour de Calvin à Genève.

1538 : Calvin à Strasbourg.

1540 : mariage de Calvin. Les colloques de Spire, de Haguenau, de Worms (puis la diète de Ratisbonne en 1541) échouent dans leur tentative de rapprocher catholiques et protestants.

1541 : retour de Calvin à Genève. Parution en français de l'*Institution de la religion chrétienne* de Calvin; plusieurs éditions remaniées et augmentées se succèdent jusqu'à la mort de Calvin.

1545-1563 : le concile de Trente opère une grande réforme (Contre-Réforme) du catholicisme.

1546 : mort de Luther.

1553 : exécution de Michel Servet à Genève.

1557 : John Knox (1505-1572) introduit la Réforme en Écosse. La Réforme gagne la Hongrie.

1559 : premier Synode national réformé à Paris.

1561 : échec du colloque de Poissy visant à réconcilier catholiques et protestants. Le Réformateur Théodore de Bèze (1519-1605) dirige la délégation protestante.

1562 : la Réforme gagne les Pays-Bas.

1562-1598 : guerres de Religion en France.

1564 : mort de Calvin.

1571 : adoption de la *Confession de la Rochelle* (rédigée en 1559), qui exprime la foi et la doctrine protestante réformée.

1572 : massacre de la Saint-Barthélemy; ce massacre des protestants sous Charles IX a lieu dans la nuit du 24 août. Les principaux chefs protestants sont alors tués, dont l'amiral Gaspard de Coligny (1519-1572).

1598 : sous le règne de Henri IV, l'édit de Nantes autorise, dans des conditions assez strictes, l'exercice du culte protestant.

1612 : création de la première paroisse baptiste en Angleterre.

1639 : création de la première paroisse baptiste aux États-Unis.

1685 : révocation de l'Édit de Nantes par Louis XIV; une persécution systématique des protestants s'ensuivit : prison, galères, émigration, exécutions; deux cent cinquante mille protestants français, environ, s'exilèrent.

1685-1787 : période correspondant au siècle de persécutions subies par les protestants en France. Cette période s'appelle « le Désert »; ce terme renvoie peut-être aux épreuves subies, d'après la Bible, par le peuple hébreu dans le désert après sa sortie d'Égypte. Dans la langue du XVIIe siècle, le « désert » désignait la campagne et une région peu peuplée.

1702-1704 : guerre des Camisards. Les camisards sont les protestants cévenols qui luttent contre les soldats du roi après la révocation de l'Édit de Nantes.

1715-1763 : sept synodes organisent la vie des Églises au Désert.

1787 : édit de tolérance en France : il octroie aux protestants un état civil, mais non pas la liberté de culte.

1789 : Révolution française. L'article X de la Déclaration universelle des droits de l'homme et du citoyen affirme : « Nul ne doit être inquiété pour ses opinions, même religieuses, pourvu que leur manifestation ne trouble pas l'ordre public établi par la loi. »

1791 : la Constitution française déclare que tout citoyen est « libre d'exercer le culte auquel il est attaché ».

1795 : création de la Société missionnaire de Londres.

1802 : les articles organiques, sous Bonaparte, reconnaissent et organisent l'existence légale des Églises luthériennes et réformées.

1815 : création de la Mission de Bâle.

1822 : création de la Société des missions évangéliques de Paris.

1844 : création des Unions chrétiennes de jeunes gens (UCJG) ou, en anglais, *Young Men's Christian Association* (YMCA).

1846 : fondation de l'Alliance évangélique universelle à Londres pour associer des chrétiens de dénominations différentes, anglicans et protestants, dans le cadre d'un œcuménisme évangélique et en vue de l'évangélisation principalement.

1849 : fondation de l'Union des Églises évangéliques libres (séparées de l'État) de France.

1855 : fondation de l'Alliance universelle des unions chrétiennes de jeunes gens.

1872 : fondation de l'œuvre d'évangélisation de la Mission populaire évangélique. Premier synode officiel, depuis le XVIIe siècle, de l'Église réformée de France.

1875 : fondation de l'Alliance réformée mondiale, qui regroupe environ cent cinquante Églises. Premier synode officiel, depuis le XVIIe siècle, de l'Église réformée de France.

1878 : fondation par William Booth (1829-1912) de l'Armée du Salut en Angleterre.

1888 : fondation, en France, du christianisme social, dont les pionniers sont l'économiste Charles Gide (1847-1932) et les pasteurs Tommy Fallot (1844-1904), Élie Gounelle (1865-1950) et Wilfred Monod (1867-1943).

1895 : création de la Fédération universelle des associations chrétiennes d'étudiants (FUACE ou, en France, la « Fédé »).

1905 : création de la Fédération protestante de France, qui regroupe les principales Églises protestantes de France et dont le Conseil sera présidé de 1919 à 1961 par le pasteur Marc Boegner (1881-1970). Loi du 9 décembre de la Séparation des Églises et de l'État en France, bien accueillie par les protestants. Fondation, à Londres, de l'Alliance baptiste mondiale.

1908 : fondation du mouvement scout par Baden-Powell (1857-1941).

1910 : conférence missionnaire mondiale d'Édimbourg.

1911 : création en France des Éclaireurs unionistes (protestants).

1914 : création du Mouvement international de la réconciliation (MIR) luttant pour la non-violence.

1925 : assemblée (œcuménique) du Christianisme pratique à Stockholm (« Vie et Action »).

1927 : conférence (œcuménique) mondiale de Lausanne (« Foi et Constitution »).

1934 : déclaration de Barmen qui représente, sous forme d'une déclaration de foi, un acte de résistance au nazisme et un document central du mouvement confessant allemand qui s'oppose à Hitler.

1938 : déclaration de foi de l'Église réformée de France qui scelle la réunion, en une seule Église, de quatre Églises protestantes d'alors. Formation de l'Église réformée évangélique indépendante par les paroisses qui refusent d'entrer dans l'Église réformée.

1940 : fondation de la communauté de Taizé en Bourgogne par le suisse Roger Schutz ; cette communauté œcuménique de frères, au rayonnement international, vise la réconciliation du christianisme sous l'égide du slogan de son fondateur : « Action et contemplation. »

1946 : fondation de l'Alliance biblique universelle dont le but est de faire connaître la Bible. Elle rassemble plus de cent sociétés ou alliances bibliques nationales.

1947 : fondation de la Fédération luthérienne mondiale, qui regroupe environ cinquante-cinq millions de luthériens, soit plus des trois quarts des luthériens dans le monde.

1948 : création du conseil œcuménique des Églises (COE), dont font partie les Églises orthodoxe, protestante et anglicane. L'Église catholique n'en est toujours pas membre, même si elle participe à plusieurs de ses commissions.

1972-1975 : traduction en français œcuménique de la Bible (TOB).

1973 : Concorde de Leuenberg, qui reconnaît une totale communion entre luthériens et réformés d'Europe.

Confessions de foi

Symbole des Apôtres

« Je crois en Dieu, le Père tout-puissant, créateur du ciel et de la terre.

« Je crois en Jésus-Christ, son Fils unique, notre Seigneur, qui a été conçu du Saint-Esprit et qui est né de la Vierge Marie. Il a souffert sous Ponce Pilate. Il a été crucifié, il est mort, il est descendu aux enfers. Le troisième jour, il est ressuscité des morts; est monté au ciel; il siège à la droite de Dieu. Il viendra de là pour juger les vivants et les morts.

« Je crois en l'Esprit saint. Je crois la Sainte Église universelle, la communion des saints, la rémission des péchés, la résurrection de la chair et la vie éternelle. »

Symbole de Nicée-Constantinople

« Nous croyons en un seul Dieu, le Père tout-puissant, créateur du ciel et de la terre, de toutes les choses visibles et invisibles.

« Nous croyons en un seul Seigneur, Jésus-Christ, le Fils unique de Dieu, né du Père avant tous les siècles. Dieu de Dieu, lumière de lumière, vrai Dieu de vrai Dieu, engendré et non créé, d'une même nature que le Père et par qui tout a été fait; qui, pour nous les hommes et pour notre salut, est descendu des cieux, s'est incarné par le Saint-Esprit dans la Vierge Marie et a été fait

homme. Il a été crucifié pour nous sous Ponce Pilate, il a souffert et il a été mis au tombeau. Il est ressuscité des morts le troisième jour, conformément aux Écritures ; il est monté aux cieux où il siège à la droite du Père. De là, il reviendra dans la gloire pour juger les vivants et les morts et son règne n'aura pas de fin.
« Nous croyons en l'Esprit saint, qui règne et donne la vie, qui procède du Père et du Fils, qui a parlé par les prophètes, qui, avec le Père et avec le Fils, est adoré et glorifié. Nous croyons l'Église une, sainte, universelle et apostolique. Nous confessons un seul baptême pour la rémission des péchés ; nous attendons la résurrection des morts et la vie du siècle à venir. »

Déclaration de foi
(de 1938, mais toujours en usage)

« Au moment où elle confesse sa foi au Dieu souverain et au Christ Sauveur.
« L'Église réformée de France éprouve, avant toutes choses, le besoin de faire monter vers le Père des miséricordes le cri de reconnaissance et de son adoration.
« Fidèle aux principes de foi et de liberté sur lesquels elle est fondée. Dans la communion de l'Église universelle, elle affirme la perpétuité de la foi chrétienne, à travers ses expressions successives, dans le Symbole des Apôtres, les Symboles œcuméniques et les Confessions de foi de la Réforme, notamment la Confession de la Rochelle ; elle en trouve la source dans la révélation centrale de l'Évangile ; Dieu a tellement aimé le monde qu'il a donné son Fils unique, afin que quiconque croit en Lui ne périsse point, mais qu'il ait la vie éternelle.
« Avec ses Pères et ses martyrs, avec toutes les Églises issues de la Réforme, elle affirme l'autorité souveraine des Saintes Écritures telle que la fonde le témoignage intérieur du Saint-Esprit, et reconnaît en elles la règle de la foi et de la vie ; elle proclame devant la déchéance de l'homme, le salut par la grâce, par le moyen de la foi en Jésus-Christ, Fils unique de Dieu, qui a été livré pour nos

offenses et qui est ressuscité pour notre justification. Elle met, à la base de son enseignement et de son culte, les grands faits chrétiens affirmés dans l'Évangile, représentés dans ses sacrements, célébrés dans ses solennités religieuses et exprimés dans sa liturgie.
« Pour obéir à sa divine vocation, elle annonce au monde pécheur l'Évangile de la repentance et du pardon, de la nouvelle naissance, de la sainteté et de la vie éternelle.
« Sous l'action du Saint-Esprit, elle montre sa foi par ses œuvres; elle travaille dans la prière au réveil des âmes, à la manifestation de l'unité du Corps du Christ et à la paix entre les hommes. Par l'évangélisation, par l'œuvre missionnaire, par la lutte contre les fléaux sociaux, elle prépare les chemins du Seigneur jusqu'à ce que viennent, par le triomphe de son Chef, le Royaume de Dieu et sa justice.
« A Celui qui peut, par la puissance qui agit en nous, faire infiniment au-delà de ce que nous demandons et pensons, à Lui seul soit la gloire, dans l'Église et en Jésus-Christ, de génération en génération, aux siècles des siècles! Amen! »

Index

(Les pages en *italique* renvoient aux illustrations)

Dans la même collection

Religion, arts et culture

n° 14 – *La Bande dessinée* de Benoît Peeters
n° 29 – *La Mort dans les religions d'Asie* de Bernard Faure
n° 42 – *Jésus-Christ* de Michel Quesnel
n° 45 – *Musiques, Médias et Technologies* de Michel Chion
n° 48 – *Les Religions dans le monde* d'Odon Vallet
n° 68 – *La Logique* de Gilles Dowek
n° 77 – *Le Paysage* de François Béguin
n° 79 – *La Métaphysique* de Nayla Farouki
n° 90 – *Le Jazz* de Philippe Hucher
n° 92 – *Lire la Bible* de Roland Meynet
n° 95 – *Les Indiens d'Amérique* de Philippe Jacquin
n° 96 – *Le Cinéma* de Youssef Ishagpour
n° 98 – *L'Idéologie du New Age* de Michel Lacroix
n° 100 – *Architecture et Modernité* de Daniel Pinson
n° 105 – *Les Théories de la connaissance* de Jean-Michel Besnier
n° 106 – *La Philosophie politique* d'Anne Baudart
n° 108 – *Le Coran* d'Azzedine Guellouz
n° 109 – *Le Bouddhisme* de Bernard Faure
n° 119 – *La Langue française* d'Ada Giusti
n° 120 – *L'Art contemporain* de Catherine Millet
n° 128 – *Sagesses chinoises* de Jean de Miribel et Léon Vandermeersch
n° 145 – *Le Métissage* de François Laplantine et Alexis Nouss
n° 149 – *Odeurs et Saveurs* d'Alain Gullino
n° 153 – *La Franc-Maçonnerie* de Pierre Simon

DANS LA MÊME COLLECTION

n° 165 – *La Morale et sa philosophie* d'Anne Baudart
n° 166 – *Le Mal* de Michel Lacroix
n° 181 – *L'Inconscient* de Christiane Lacôte
n° 183 – *La Laïcité* de Henri Pena-Ruiz
n° 191 – *Illusionnisme et Magie* de Stefan Alzaris

Mais n'oubliez pas, Dominos
c'est aussi les sciences, la médecine, la technique,
le droit, l'économie, l'éducation...

Photo de couverture : la croix huguenote, probablement inventée par un orfèvre de Nîmes, à la fin du XVIIe siècle, porte en pendentif une colombe, symbole du Saint-Esprit et expression du sacerdoce universel. Très souvent représentée, elle est un bijou typiquement protestant, surtout réformé, qui dit une identité ; elle est signe de reconnaissance. On l'appelle aussi Saint-Esprit. C'est à la fin du XIXe siècle que son usage s'est très largement répandu.

Achevé d'imprimer en mars 1999
sur les presses de l'Imprimerie Hérissey
à Évreux (Eure)
Dépôt légal : Février 1997
N° d'éditeur : FC 547402
N° d'imprimeur : 83429